AI의 민사책임

인공지능총서

인공지능 시대입니다. 기계가 인간의 인지를 대신하고, 사물이 인간을 통하지 않고 다른 사물과 직접 커뮤니케이션합니다. 이에 따른 인간 삶과 문명 변화를 정확히 이해·예측·대응하는 것은 이 시대 우리 모두의 과제입니다. 인공지능총서는 인공지능 기술과 환경의 여러 주제를 10가지 키워드로 정리합니다. 관련 개념과 이론, 학계와 산업계의 쟁점, 우리 일상의 변화를 다룹니다. 인간과 기술의 현재, 미래를 세심히 분석합니다.

일러두기

- 인명, 작품명, 저서명, 개념어 등은 한글과 함께 괄호 안에 해당 국가의 원어를 병기했습니다.
- 외래어 표기는 현행 어문규정의 외래어표기법을 따랐습니다.
- 이 저서는 2019년 대한민국 교육부와 한국연구재단의 지원을 받아 수행된 연구임(NRF-2019S1A5B5A07094043)

처음이세요?

전문가세요?

AI의 민사책임

조장우

대한민국, 서울, 커뮤니케이션북스, 2025

AI의 민사책임

지은이 조장우
펴낸이 박영률

초판 1쇄 펴낸날 2025년 6월 18일

커뮤니케이션북스(주)
출판 등록 2007년 8월 17일 제313-2007-000166호
02880 서울시 성북구 성북로 5-11
전화(02) 7474 001, 팩스(02) 736 5047
commbooks@commbooks.com
www.commbooks.com

ISBN 979-11-430-0407-9 03500

책값은 뒤표지에 표시되어 있습니다.

차례

AI의 법적 책임에 어떻게 대응하는가?

오늘날 정보통신기술(Information and Communications Technologies, ICT)의 진보는 기술간 융복합과 혁신을 통해 우리 사회를 초연결(Hyper-Connectivity)·초지능(Super-Intelligence) 사회로 변모시키고 있다. 인공지능(Artificial Intelligence, AI), 사물인터넷(Internet of Things, IoT), 빅데이터(Big Data), 클라우드컴퓨팅(Cloud Computing)과 같은 핵심 ICT를 근간으로 스마트홈(Smart Home), 자율주행(Automatic Driving), 3차원 출력(Three-Dimensional Printing, 3D Printing), 무인항공기(Drone), 증강현실(Augmented Reality, AR), 가상현실(Virtual Reality, VR)이 상용화되고, 경제적으로는 공유경제(Sharing Economy)와 비트네이션(Bitnation)과 같은 변혁을 이루어 왔다.

이러한 변혁에 대한 제도적 대응이 빠르게 이루어지지 못하고 있는 상황에서 2020년 12월 23일 《네이처(Nature)》지 논문 "Mastering Atari, Go, chess and shogi by planning with a learned model"에서 학습해야 할 빅

데이터(Big Data)나 규칙을 제공하지 않아도 스스로 학습하고 능력을 향상시키는 초지능(Super-Intelligence) 알고리즘(Algorithm) '뮤제로(Mu Zero)'가 발표되었고, 2021년 2월 24일에는 논문 "First return, then explore"에서 뮤제로를 능가하는 '고익스플로어(Go-Explore)' 알고리즘이 발표되면서 우리가 미처 예상하지 못한 빠른 속도로 자율모드를 가진 이른바 '강인공지능(Strong Artificial Intelligence)' 시대의 도래가 이루어지고 있다.

인공신경망(Artificial Neural Network)과 딥러닝(Deep Learning)의 적용으로 막대한 양의 학습이 가능하여 인간을 능가하는 바둑 실력을 보여 주었던 구글 딥마인드(Deepmind)사의 '알파고(AlphaGo)' 이후, 학습해야 할 데이터의 제공 없이 규칙만 제공해 알파고를 능가한 '알파고 제로(AlphaGo Zero)', 바둑 외의 게임에서 규칙 제공만으로 인간을 넘는 실력을 나타낸 '알파제로(Alpha Zero)'에 이어 이제는 규칙 제공도 필요 없는 범용 알고리즘이 등장했다. 융복합을 통한 혁신은 우리 사회를 초지능(Super-Intelligence) · 초연결(Hyper-Connectivity) 사회로 변모시키고 있으며 이러한 ICT 혁신은 경제 구조뿐만 아니라 법률 관계에도 특이점(Singularity)을 제시함으로써 종래의 논의에서 주목받지 못한 문제가 대두되고 있다.

AI 법률 관계의 특이점과 책임

2016년 다보스 포럼(World Economic Forum, WEF) 이후 제4차 산업혁명(The 4th Industrial Revolution)으로 명명되는 융복합을 통한 혁신이 이루어지면서 ICT와 법학의 융복합적 사고는 비단 IT법의 영역이 아니더라도 시대적인 소명으로서 공·사법의 여러 영역에 과제를 던져 왔다.

새로운 ICT에 관한 법적 개괄이나 법철학적 담론, 자율주행차의 사고에 대한 민·형사상 책임 논의가 주를 이루다가 휴머노이드(Humanoid)로서 "자의식을 가진 머신(Self-Aware Machines)"으로 진화할 수 있는 가능성을 기초로 인격권의 부여 가능성, AI에 의한 범죄의 가벌성, 인간의 일자리를 대체함으로써 고용 계약의 불평등을 심화시키는 데 따른 과세 가능성이나 규제 필요성 등이 공법의 영역에서 논의되어 왔다. 사법의 영역에서는 AI에 의해 창출된 경제적 산물 등 이익의 귀속, 민법상 권리능력에 관하여 법인격이나 대리인과 같은 법적 지위를 부여할 실익, AI에 의한 계약 성립과 그에 따른 의사 표시의 해석론, AI의 행위에 대한 손해배상 책임의 구성, 딥러닝(Deep Learning)에 의한 빅데이터상의 지식재산권 침해 가능성 등이 문제되고 있다.

특히 오늘날 AI 알고리즘(Algorithm)은 인터넷 쇼핑이나 유튜브, 포털 검색 등 일상적 취미 활동에서 이용자가 선호할 만한 컨텐츠를 노출시키는 것을 넘어 기업의 채용 시스템과 인성 검사, 범죄 예측, 신용 평가, 투자 결정, 정치에 이르기까지 인간의 결정과 판단을 활발히 대체하기에 이르고 있는데, 이를 기반으로 하는 빅데이터가 가치중립적이지 않은 경우 이를 통해 학습 또는 모형화된 결과 역시 편향적이라는 것이 여러 사례를 통해 드러나고 있다. 이와 관련해 2017년 『대량살상 수학무기(Weapons of math destruction)』를 통해 빅데이터의 불평등 확산을 지적한 수학자 캐시 오닐(Cathy O'Neil)은 "상위 그룹을 표본으로 AI 알고리즘 설계가 이루어지므로 하위 그룹의 사람들에게는 차별의 피드백이 이루어질 수밖에 없다"고 주장하기도 했다. 따라서 AI 알고리즘의 기반이 되는 설계나 빅데이터가 가치중립적이지 않은 경우 그에 따른 편향적인 판단이나 결과물에 대해 어떻게 민사책임을 지울지도 중요한 문제로 부각되고 있다.

미국 AI 알고리즘 활용 지침의 시사점

미국 연방거래위원회(Federal Trade Commission; FTC)는 2020년 4월 「AI 및 알고리즘 활용 지침(Using Artificial Intelligence and Algorithms)」을 발표하면서 AI 및 알고리즘을 사용하는 과정에서 발생하는 이용자의 위험에 대한 보호 방안을 제시해 적용 중이다. 이는 FTC에 의해 활용되고 있는 실효적인 지침으로서 알고리즘 활용자 또는 관계 기관에 대해 의무들을 부과함으로써 이용자 보호를 위한 사전적인 수단을 마련한 점에서 몇 가지 시사점이 있다.

첫째, 정보 수집의 투명성을 확보하고 있다. AI 학습을 위해 이용자의 음성, 시각적 데이터 및 민감한 데이터를 비밀리에 수집하는 경우 FTC의 조치를 초래할 수 있음을 정했다. 또한 의사 결정에 활용된 정보에 대한 접근 권한과 수정의 기회를 소비자에게 부여하는 것으로 정한다. 「공정신용보고법(Fair Credit Reporting Act)」상 신용, 고용, 보험, 주택과 같은 거래의 적격성에 관한 의사 결정을 자동화하기 위해 이용자의 정보를 조합하는 신용평가사(Consumer reporting agency)가 자동화된 결정을 내리는 경우, 이용자에게 불리한 조치를 고지해야 하는 것으로 정한다. 이를 통해 이용자는 자신의 정보를 확인하고 부정확한 정보를 수정할 수 있는 권리를 가지는 것으로 보고 있다.

둘째, AI에 의한 의사 결정 과정에 대한 구체적인 설명 의무를 부과한다. AI를 활용하는 기업이 소비자에게 불리한 결정을 하는 경우, 가령 신용 평가나 채용 평가에서 대상자의 점수가 낮은 이유를 결정 과정에서 활용된 데이터가 무엇인지, 어떻게 활용되었는지 구체적으로 설명해야 할 것으로 정한다. 또한 결정에 영향을 미친 상위 주요 요인을 최소 4가지 공개해야 하고 AI에 의해 거래 조건이 변경될 때에도 소비자에게 통지해야 하는 것으로 정하고 있다. 이는 결국 AI가 결정하게 된 자신에게 영향을 미치는 요소에 대해 소비자가 접근권을 확보할 수 있게 되는 근거로 평가할 수 있다.

셋째, 결과적 공정성을 확보하고 있다. AI를 활용하면서 「신용기회균등법(Equal Credit Opportunity Act, ECOA)」의 취지에 따라 인종, 종교, 국적, 성별 등 특정 집단에 차별을 유발하지 않도록 관리할 의무를 정한다. 그리고 AI에 의해 활용되는 데이터의 차별적 요소뿐만 아니라 도출되는 결과 역시 차별이 발생하지 않았는지 확인해야 하는 것으로 정함으로써 결과적 공정성까지 통제하려는 것으로 평가할 수 있다.

넷째, AI 사업자의 사전 점검 의무다. 빅데이터를 활용한 알고리즘의 결과가 소비자에게 편견 등의 피해를 유발하는 것을 방지하기 위해 알고리즘 운영자는 ① 빅데이터의 대표성, ② 빅데이터의 편향성에 대한 수정 가능성, ③ 빅데이터 기반 결정의 정확성, ④ 윤리적 또는 공정성 이슈의 발생 우려를 사전에 점검해야 하는 것으로 정하고 있어서 상당히 구체적인 사전 점검 의무를 부과하는 것으로 볼 수 있다.

이러한 FTC의 「AI 활용 지침」은 기존의 규범만으로는 대응하기 어려운 AI의 구체적인 위험에 대한 실질적인 대응으로 평가할 수 있다. 특히 활용되는 데이터의 신뢰성과 투명성을 확보하고, AI의 활용 과정에 대한 설명 의무를 부과하며 활용된 정보에 대한 접근과 수정 권한을 소비자에게 부여함으로써 소비자가 AI 알고리즘의 내용에 대해 인식할 수 없다는 위험을 차단한 것으로 평가할 수 있어서 우리의 입법 정책에도 시사점을 줄 수 있다. 다만 결과적 공정성 확인 의무와 AI 활용 전 사전 점검 의무의 부과는 기업 등에 책임성을 제고시키는 긍정적인 측면이 있으나, 지나친 규제로 인해 기업의 경제 활동이나 AI 산업 생태계를 위축시킬 우려도 있어서 우리 현실에 부합하는지에 대한 면밀한 검토가 선행되어야 할 것이다.

EU가 마련한 세계 최초의 인공지능법

유럽연합(EU)이 2021년 초안 이후 새롭게 마련한 포괄적인 인공지능 법안인 「AI법(Artificial Intelligence Act)」이 2024년 4월 유럽의회(European Parliament)를 통과하면서 세계 최초로 인공지능에 관한 일반법을 갖추게 되었다.

이 법의 가장 중요한 내용인 2024년 말부터 허용 금지된 AI를 구체적으로 보면, ① 잠재적, 조작적 또는 기만적 방법을 사용하여 행동을 왜곡하고 정보에 입각한 의사 결정을 저해하여 심각한 피해를 초래하는 시스템(deploying subliminal, manipulative, or deceptive techniques to distort behaviour and impair informed decision-making, causing significant harm), ② 연령, 장애 또는 사회 경제적 상황과 관련된 취약성을 악용하여 행동을 왜곡하여 심각한 피해를 초래하는 시스템(exploiting vulnerabilities related to age, disability, or socio-economic circumstances to distort behaviour, causing significant harm), ③ 생체 정보의 분류로써 인종, 정치적 견해, 성적 취향 등 민감한 속성을 추론하는 생

체 정보 분류 시스템(biometric categorisation systems inferring sensitive attributes), ④ 사회적 행동 또는 개인적 특성에 따라 사람을 평가하거나 분류하여 불리한 대우를 유발하도록 사회 점수를 매기는 시스템(social scoring, i.e., evaluating or classifying individuals or groups based on social behaviour or personal traits, causing detrimental or unfavourable treatment of those people), ⑤ 프로파일링 또는 성격 특성만을 기반으로 개인의 범죄 행위 가능성을 평가하는 시스템(assessing the risk of an individual committing criminal offenses solely based on profiling or personality traits), ⑥ 인터넷이나 CCTV 영상에서 불특정 안면 이미지를 스크래핑하여 안면 인식 데이터베이스를 컴파일하는 시스템(compiling facial recognition databases by untargeted scraping of facial images from the internet or CCTV footage), ⑦ 사람의 감정을 추론하기 위한 시스템(inferring emotions in workplaces or educational institutions), ⑧ 법 집행을 위한 공공장소 실시간 원격 생체 인식(RBI) 시스템('real-time' remote biometric identification (RBI) in publicly accessible spaces for law enforcement)이 있다.

또한 이 법에서는 고위험(High-risk) AI로 다음과 같은 것을 규정한다. ① 의료기기, 교통수단, 장난감 등과 같은 제품 안전성과 관련, 즉 안전 구성 요소나 제품으로 사용되는 것(used as a safety component or a product covered by EU laws)과 ② 생체인식(Biometrics), 핵심 기간산업(Critical infrastructure), 교육 및 직업 훈련(Education and vocational training), 고용 및 인사 관리(Employment, workers management and access to self-employment), 필수 공공 · 사적 서비스 및 그 혜택에 대한 접근 및 이용(Access to and enjoyment of essential private services and essential public services and benefits), 법 집행(Law enforcement), 이민, 망명과 출입국 관리(Migration, asylum and border control management), 사법 행정과 민주적 절차(Administration of justice and democratic processes) 등 8가지 분야의 두 범주로 나눠서 규정된다. ③ 그리고 경제 상황, 건강, 선호도, 관심사, 위치 등의 개인정보를 자동으로 처리하여 사람의 삶의 다양한 측면을 평가하는 개인 프로파일링의 경우(if it profiles individuals) 항상 고위험으로 간주된다. 이러한 고위험 AI의 제공자(Provider)는, AI 라이프사이클 전반에 걸친 위험 관리 시스템 구축(risk management system), 오류 및 목적 확인을 위한 데이터 거버넌스 수행(data governance), 규정 준수 확인을 위한 기술 문서의 작성 및 제출(technical documentation), 이벤트 자동 기록보관(record-keeping), 사용 지침 제공(instructions for use), 배포자의 인적 감독(human oversight), 적절한 수준의 정확성, 견고성, 보안성(appropriate levels of accuracy, robustness, and cybersecurity), 품질 관리 시스템 구축(quality management system) 등의 의무를 준수해야 한다.

다음으로 제한적 위험(Limited risk) AI와 관련하여, 합성된 콘텐츠를 생성하는 제공자(generating synthetic audio, image, video or text content), 감정 인식 혹은 생체 분류 시스템의 배포자(Deployers of an emotion recognition system or a biometric categorisation system), 딥페이크 콘텐츠 배포자(Deployers of an AI system that generates or manipulates image, audio or video content constituting a deep fake), 공익 문제에 관한 정보의 공공 제공을 위한 텍스트 생성 시스템의 배포자(Deployers of an AI system that generates or manipulates text which is published with the purpose of informing the public on matters of public interest)는

그것이 AI 시스템에 의한 것임을 표시, 고지, 공개하도록 하는데, 투명성 의무(Transparency obligation)를 준수하면 족하다는 점에서, 고위험군에 비하여 상대적으로 적은 규제를 받는 것으로 평가할 수 있다.

이 법에서는 2021년 초안과 달리 범용 AI(General purpose AI, GPAI)에 대한 별도의 규제도 마련했는데, 범용AI 모델의 제공자는 GPAI 모델의 기술 문서를 작성해야 하고(Draw up technical documentation), GPAI를 자신의 AI 시스템에 통합하려고 하는 AI 제공자에게 관련 정보와 문서를 제공해야 한다(Draw up information and documentation to supply to downstream providers). 또한 저작권 지침을 존중할 수 있는 정책을 마련해야 하고(Establish a policy to respect the Copyright Directive), 학습 데이터들에 대한 충분한 상세 요약을 게시해야 하는 것(Publish a sufficiently detailed summary about the content used for training)으로 정함으로써 제한적 위험 AI와 마찬가지로 투명성 의무를 부과한 것으로 평가할 수 있다.

대한민국 AI 기본법은 무엇인가?

2024년 12월 26일 국회는 「인공지능 발전 및 신뢰 기반

조성에 관한 기본법(AI기본법)」을 통과시켰으며 2026년 1월 22일부터 시행된다. 이 법은 EU의 「AI법」에 이어 세계에서 두 번째로 마련된 종합적 AI 규제 법안으로, AI 기술의 혁신과 사회적 신뢰 간 균형을 목표로 하고 있다.

「AI 기본법」은 AI 개발과 신뢰 기반 조성을 위한 종합적인 규제 프레임워크를 제공하고 AI의 안전성, 투명성, 윤리적 사용을 보장하며, 특히 고영향 AI와 생성형 AI에 초점을 맞추고 있다.

이 법에서는 AI의 책임성 제고를 위해 AI 사업자(개발자, 운영자)에게 다양한 의무를 부과하고 있다. 사업자에 부여된 주요한 의무로는 고영향 AI 제공 시 사전 검토 및 위험 평가・완화 조치 의무, 생성형 AI가 만든 콘텐츠에는 워터마크 등 표시 의무(딥페이크・허위정보 방지), 이용자에게 AI 활용 사실 사전 고지 의무 등이 있다.

또한 고영향 AI 여부에 대한 사전 검토 의무를 부과하고 위험 관리 방안과 이용자 보호 방안 수립 등 안전성과 신뢰성 확보를 위한 추가 조치를 이행해야 한다. 그리고 고영향 AI 제공 시 국민의 기본권에 미치는 영향을 평가해야 하며, 공공기관은 이러한 평가를 거친 AI 서비스와 제품을 우선적으로 고려해야 하는 것을 정하고 있다.

이 법에서 정하는 의무 위반 시 과학기술정보통신부장

표 0-1. 주요 국가의 AI 책임에 대한 접근 방식

국가	AI 책임에 대한 규율
미국	혁신 중심, 사후 소송 의존
EU	윤리·저작권 보호 우선
중국	실용적 접근, 국가 통제
영국	관대하지만 학습 데이터 논란
일본	AI 개발 친화적, 유연성 유지
한국	초기 단계, 보수적 입장

관의 시정명령과 최대 3천만 원 이하의 과태료 부과 대상이 될 수 있는 것으로 정하고 있는데, 의무 규정의 실효성을 고려한 최소한의 제재 규정으로 이해할 수 있다.

이와 관련하여 EU의 「AI법」은 글로벌 매출의 7% 또는 3천5백만 유로까지 벌금 부과가 가능하다는 점에 비추어 보면 대한민국의 「AI 기본법」은 사업자가 준수해야 하는 의무 규정의 중요성과 역할에 비해 위반 시 제재의 강도가 약하다고 평가될 수 있는데, AI 산업계에서 과도한 제재로 받아들여질 경우 AI 생태계의 확장과 산업 경쟁력에 문제될 수 있기 때문으로 보인다. 즉 우리의 「AI 기본법」이 EU의 「AI법」에 비해 사용자 보호보다 산업 성장에 초점을 맞추고 있는 것으로 평가할 수 있다.

주요 국가의 AI 책임에 대한 접근 방식을 간단히 요약하면 표 0-1과 같다.

참고문헌

박소영(2019). "손해배상책임 관점에서의 인공지능 특징과 관련 제도 논의", 《LAW & TECHNOLOGY》 제15권 제3호, 서울대학교 기술과법센터.

양종모(2017). "인공지능 알고리즘의 편향성, 불투명성이 법적 의사결정에 미치는 영향 및 규율 방안", 《法曹》 제723호.

정진명(2018). "인공지능에 대한 민사책임 법리", 《재산법연구》 제34권 제4호, 한국재산법학회.

조정우(2024). "알고리즘 혁신의 민사적 쟁점", 《민사법의이론과실무》 제27권 제3호, 민사법의이론과실무학회.

FTC(2020). "Using Artificial Intelligence and Algorithms", https://www.ftc.gov/news-events/blogs/business-blog/2020/04/usingartificial-intelligence-algorithms

U.S. House of Representatives(2022). https://www.congress.gov/bill/117th-congress/house-bill/6580/text?r=2&s=1

01
AI의 행위에 대한 법적 책임

현행 법제와 법해석론으로는 인공지능에 인격을 부여할 수 없으므로 AI의 행위로 타인에게 손해를 야기해도 형사책임과 민사책임을 묻기 쉽지 않다. 다만 AI의 자율성이 주는 사회적 편익이 커지면서 AI에게 일종의 법인격을 부여할 만한 실익도 커진다면 AI의 책임 능력이 대두될 것이므로 이에 대한 선제적인 대응이 필요하다. 개발자와 사용자의 입장에서 법적 책임을 피하기 위한 조치가 무엇인지 살펴본다.

AI와 1인 창업?

AI 행위는 누가 책임지는가?

현재의 법이론으로는 AI가 자신의 의사 결정에 따른 행위로 타인에게 손해를 야기해도 형사적 책임과 민사적 책임 모두 묻기 어렵다. 현행 민법상 AI는 권리와 의무의 주체가 아니기 때문에, AI 자체에게 법적 책임을 직접 물을 수 없다. 손해배상을 규정하는 민법 제750조에서도 '사람'을 전제로 손해배상 책임을 규정하고 있어, AI는 현행법상 책임 능력이 없음이 명확하다.

현재로서는 AI의 행위로 인해 손해나 사고가 발생한 상황에서 AI의 설계 · 개발 결함이 원인이라면 개발자가, AI를 실제로 운용하거나 서비스를 제공하는 과정에서 발생한 문제라면 AI 서비스 제공자가, AI를 직접 활용하는 과정에서 발생한 손해라면 이용자가 각각 책임의 주체가 된다. 다만 현실적으로 각 사건의 구체적 사정(인과관계, 예측 가능성, 관리 · 감독 의무 등)에 따라 책임 주체가 달라질 수 있고, 누가 어느 경우에 책임을 져야 하는지 분명하지 않다는 문제가 있다. 기존 「불법행위법」이나 「제조물책임법」으로 AI 관련 사고의 책임을 모두 해결하기에는 한계가 있다. AI의 자율성과 복잡성 때문에 인과관계 입증, 예측 가능성 판단 등이 어렵기 때문이다.

AI의 독자적 판단 · 행동에 대해 이용자에게 무과실 책임을 부과할 것을 주장하는 견해와 예측 불가능한 AI의 행동에 대해 이용자가 책임질 수는 없다는 견해가 대립하고 있다.

조만간 자율성을 가지는 AI의 시대가 도래하고 AI에게 일종의 법인격을 부여할 필요성이 인정되어 사회적 공감대를 확보한다면 AI의 권리 주체성이 어떠한 방식으로든 인정될 수 있고, 책임 능력 역시 대두될 것이다.

AI의 행위에 대해 책임을 누구에게 어떻게 지우는가는 대단히 중요한 문제이므로 AI가 일정한 권리 능력을 가지는 것과 마찬가지로 엄격한 사회적 합의와 법적 근거에 바탕을 두어야 한다. 특히 손해배상과 관련한 책임 구성은 AI의 생태계에 치명적인 파급력을 줄 수 있는 점을 고려해야 한다.

손해에 대한 귀책을 묻기 위해서는 손해를 야기한 원인에 대한 면밀한 분석과 검토가 우선되어야 할 것이다. "강한 인공지능(Strong AI)"의 단계로 진화할수록 인공지능의 시스템은 복잡해지면서 인간이 예기할 수 없는 인공지능의 행위와 그에 따른 손해가 발생할 위험이 높아질 것이다. 또한 "필수복잡성의 법칙(Law of Requisite Complexity)"에 따라 인공지능의 시스템을 완벽하게 통제하려면 통제 시스템의 복잡성이 적어도 통제받는 인공지능의 시스템의 복잡성보다 커야 할 것이라는 점에서, 인공지능을 통제할 비용의 문제도 고려되어야 한다.

AI가 야기한 손해의 책임 분배

주요국 AI 법제의 동향을 보면 AI가 촉발한 손해에서의 책임은 대체로 개발자와 사용자가 각각 나누어 분담하고 있다.

먼저 개발자는 AI의 설계, 개발, 테스트, 검증 등에서 안전성과 신뢰성을 확보할 의무가 있다. 제품 하자(알고리즘 결함, 설명 부족, 안전성 미확보 등)로 인해 사고가 발생했다면, 개발 회사가 책임을 부담하게 된다. 가령 사용자에게 충분한 사용 설명이나 안전 경고를 제공하지 않은 경우, 개발자의 책임 비중이 커지는 것이다. 미국 캘리포니아주 등 일부 해외 입법례에서는 이와 관련하여 개발사가 AI의 안정성 테스트를 반드시 거치도록 의무화하고, 심각한 피해 발생 시 개발사 책임을 명확히 규정하고 있다.

다음으로 사용자는 AI를 안전하게 사용하고, 제공된 지침과 설명을 준수해야 할 의무가 있다. 사용자가 AI를 예측 가능한 범위를 벗어나 오용하거나, 제공된 경고 ·

설명을 무시한 경우에는 사용자의 책임이 커질 수 있으므로 AI가 정상적으로 작동하도록 관리 · 감독할 책임이 있다.

한편 개발자와 사용자의 책임 분담의 기준을 획일적으로 정하기는 어렵다. 사고의 원인, 개발자와 사용자의 과실 정도, AI의 결함 여부, 사용자의 오용 여부 등 구체적 상황에 따라 책임이 달라질 것이다. 즉 AI 자체 결함이 원인이라면 개발자 책임이, 사용자의 잘못된 사용이 원인이라면 사용자 책임이 더 커지는 것이다.

AI 개발자의 대응

AI 개발자는 법적 책임을 피하기 위해 몇 가지 조치를 할 필요가 있다. 우선 AI 시스템의 설계, 개발, 테스트, 검증 등 전 과정에서 안전성과 신뢰성을 확보해야 한다. 잠재적 위험과 결함을 사전에 식별하고, 반복적인 테스트를 통해 문제를 최소화해야 할 것이다.

다음으로 AI가 어떻게 작동하는지, 어떤 데이터와 알고리즘을 사용하는지 명확하게 문서화하고, 사용자와 이해관계자가 이해할 수 있도록 설명해야 한다. AI의 의사 결정 과정과 결과에 대해 설명 가능한 구조를 갖추어야 하는 것이다.

또한 사용자가 AI를 올바르게 사용할 수 있도록 충분한 설명과 위험을 고지해야 한다. 위험 요소나 제한 사항, 오용 시 발생할 수 있는 결과를 명확히 안내해야 하는 것이다.

그 밖에 「개인정보보호법」 등의 관계법령과 기업 · 기관의 윤리 강령, 가이드라인을 준수해야 한다. 데이터 수집과 사용에 대해 명확한 동의를 받고, 데이터 보호와 보안 조치를 마련해야 할 것이다.

마지막으로 AI 시스템 운영 이후에도 지속적으로 성능과 윤리적 문제, 편향, 오류 등을 모니터링하고 필요 시 개선 조치를 취해야 법적 책임에서 자유로울 수 있다. 그리고 AI에 의한 사고 발생 시 원인 조사와 더불어 재발 방지 대책을 마련해야 할 것이다.

AI 사용자의 대응

AI 사용자도 AI에 의한 책임의 위험에서 벗어나기 위해 몇 가지 조치를 취해야 한다. 우선 AI 시스템을 제공된 지침과 설명에 따라 올바르고 안전하게 사용해야 한다. AI의 한계와 오류 가능성을 인지하고, 중요한 의사 결정에 AI 결과만 맹신하지 않도록 주의해야 하는 것이다.

다음으로 AI를 예측 가능한 범위를 벗어나 오용하거

나, 의도와 다르게 악용하지 않아야 한다. AI가 제공하는 정보나 결과를 사회적 · 법적 기준에 맞게 활용해야 하는 것이다.

또한 개인정보 등 민감한 데이터를 AI에 입력하거나 활용할 때 관련 법령을 준수해야 하며, 데이터 보호에 유의해야 한다.

그리고 AI 시스템의 오류, 편향, 부적절한 결과 등을 발견하면 즉시 피드백을 제공하고, 필요한 경우 문제를 제기해야 한다.

마지막으로 AI의 결정을 참고하되, 궁극적인 의사 결정 책임은 본인에게 있음을 인식하고, 중요한 결정에는 본인의 판단을 반드시 개입시켜야 한다.

참고문헌

김윤명(2019). "알고리즘과 법 - 알고리즘 차별에 따른 공정성 확보방안", 지능정보사회 경제법연구, 한국정보화진흥원.

박상돈(2017). "헌법상 자동의사결정 알고리즘 설명요구권에 관한 개괄적 고찰", 《헌법학연구》 제23권 제3호.

조장우(2024). "알고리즘 혁신의 민사적 쟁점", 《민사법의이론과실무》 제27권 제3호, 민사법의이론과실무학회.

Binder, A.(2017). Explaining Decisions of Neural Networks by LRP. *Deep Learning: Theory, Algorithms, and Applications.*

Schneier, B.(2017). Click Here to Kill Everyone, *New York Magazine*.

02
AI의 법적 지위

AI의 행위에 대한 책임을 논의하기 위해서는 AI의 법적 지위에 대한 사회적 합의가 필연적이다. AI에게 권리의 주체성을 가진 법적 지위가 부여될 가능성이 있는지 살펴보고, 고려 가능한 법적 지위에 따라 책임의 귀속이 어떻게 달라지는지 이해한다.

AI와 MBTI?

현행 법제에서의 AI 법적 지위

현재 대한민국을 포함한 대부분 국가의 법제에서 AI는 법적 권리와 의무의 주체가 아니라 단순한 객체로 취급된다. 즉, AI는 인간(자연인)이나 법인(회사 등)과 달리 법인격(legal personality)이 없으며, 법적 행위의 주체가 될 수 없는 것이다.

한편 학계와 정책 당국의 논의에서는 AI의 자율성과 지능이 고도화될 경우, '전자적 인간(electronic personhood)' 또는 '전자적 인격(electronic personality)' 등 새로운 법적 지위 부여 가능성이 제기되고 있다. 실제로 유럽연합(EU) 의회는 2017년 결의안을 통해, 장기적으로 자율형 첨단 로봇이 발생시킬 수 있는 손해에 대해 책임을 지는 전자적 인간 지위 부여를 검토할 필요가 있다고 제안한 바 있다.

AI에 법인격을 부여하자는 입장은, AI의 자율적 의사결정과 사회적 영향력이 커질 경우 책임의 공백을 막기 위해 필요하다는 것이다. 반대 입장에서는, AI의 행위가 본질적으로 인간의 통제와 목적 아래 이루어지는 만큼, 법적 책임은 인간에게 귀속되어야 한다고 본다.

AI가 창출하는 이익의 귀속과 법적 지위

주식의 거래 행위, 데이터 분석을 통한 법률 서비스, 진단과 처방 및 수술에 이르는 의료 행위, 도로에서의 자율주행뿐만 아니라 작곡, 미술, 문학 등의 창작품도 현재 AI로 구현되어 비교적 고가에 매매되고 있는데, AI가 고도화됨에 따라 창출하는 경제적 가치가 커질수록 AI의 사법상 권리 능력이 문제될 소지가 크다. 가령 로봇이 창출한 경제적 이익을 인공지능을 탑재한 로봇에게 인정해야 할지, 로봇의 소유자에게 귀속시킬지, AI의 개발자에게 인정할지, 아니면 AI가 창출한 물건이나 권리 자체를 부정할지가 현실적인 문제로 다가올 수 있는 것이다.

만일 AI가 창출하는 경제적 가치와 이를 둘러싼 법률관계의 중요성을 도외시하고 현재의 민법과 저작권법, 특허법 등에 따라 자연인과 법인 외에 권리의 주체가 될 수 없다는 해석론만이 고수된다면, AI의 소유자가 인공지능이 창출하는 권리와 부가가치를 독식하는 것을 방기하게 될 수도 있다. 현재와 같이 세계화가 진행된 상황에서는 작은 혁신이라도 순식간에 전 세계로 확산될 것이며 이는 구글이나 애플과 같은 소수의 인공지능 플랫폼 기업에 의한 승자독식으로 귀결될 것이다.

이는 제4차 산업혁명 시대에서 가장 우려되는 분배의

불균형 문제와도 결부된다. 즉 AI의 효율성이 인간의 비효율성을 대체함으로써 일자리를 빠르게 잠식할 것이라는 예측에 대한 대응으로서 인공지능에 대한 과세 주장을 개진하는 논의와도 맥을 같이하는 문제인 것이다.

AI가 경제적 가치가 있는 물건이나 권리를 창출하거나 인공지능과 인간이 융합하는 단계에 이르러 인공지능과 인간의 협업으로 경제적 이익을 창출할 경우, 인공지능을 둘러싼 법률 관계가 복잡해짐에 따라 이익의 귀속과 관련한 분쟁도 크게 증가할 것이므로 이에 관한 해석론을 점검 · 구축해야 할 뿐만 아니라 특별법의 입론으로 법제를 정비해야 할 필요성도 커지고 있다.

AI의 자율성에 따른 법적 지위의 부여

ICT 혁신 이후 본격적으로 촉발된 AI에 관한 담론은 인간과 같은 의식을 가진 휴머노이드(Humanoid)로서 "자의식을 가진 기계(Self-Aware Machines, SAM)"로 진화할 가능성을 염두에 두고 궁극적으로 인간만이 가지는 인격권을 부여할 가능성을 열어 두고 있다. 현재의 수준에서도 딥러닝(Deep Learning)을 통해 학습된 AI가 종국적으로 어떠한 판단을 내리게 될지에 대해 개발자를 포함해 아무도 정확히 예측할 수 없다는 점에서, 머지않아 자율적인 판단 역량과 자아를 갖춘 인공지능이 등장함에 따라 인격권의 재해석이 불가피하다고 할 수 있다.

즉 자연인에 한정되어 있었던 법인격이 법인으로 확장되어 온 역사의 궤도에서, 이제 AI를 가진 로봇으로서 전자인간(Electronic Person)에게도 법인격을 부여할 수 있는 가능성이 진지하게 검토될 필요가 있는 것이다.

분명한 것은 마이크로칩에 저장할 수 있는 데이터의 양이 18개월마다 2배씩 증가한다는 "무어의 법칙(Moore's Law)"조차 더 이상 ICT로 인한 혁신의 속도를 예측할 수 없는 만큼, 해석론이나 법제가 준비되지 않은 상황에서 자율성을 가진 AI가 등장할 가능성이 높다는 점이다.

최근 영국에서 개최된 "LOVE AND SEX WITH ROBOTS" 컨퍼런스에서 데이비드 레비(David Levy) 교수는 2050년에는 인간과 로봇이 결혼하게 될 것이라고 예상한 바 있다. AI의 발전 단계상 인간에 의해 통제되는 이른바 '약한 인공지능(Weak A.I, W.A.I)'을 넘어서 AI가 인간과 마찬가지의 자율성을 가지는 '강한 인공지능(Strong A.I, S.A.I)'의 단계에 이른다면, 명예권과 프라이버시권 등과 같은 권리의 허용 여부와 그 범위에 관한 논의가 촉발될 것이고 권리 능력과 책임 능력에 관하여 법인본질론의 논쟁 이상으로 다투어질 것이다.

이와 관련하여 AI를 법에 의해 의제된 "人"으로 다룰 것인지, 자연인과 마찬가지로 실재하는 또 하나의 "人"으로 볼 것인지, 또는 특수한 "대리인"으로서 지위를 부여하여 대리법을 적용할 것인지로 대별할 수 있으며 이에 대한 사회적 논의와 합의가 긴요한 시점이다.

AI가 법적 주체로 인정받기 위한 조건

AI가 법적 주체로 인정받기 위해 몇 가지 조건들을 고려할 수 있다.

우선 AI가 스스로 판단하고, 인간의 개입 없이 자율적으로 의사 결정과 행동을 할 수 있는 수준에 도달해야 한다. 즉 단순한 도구나 프로그램이 아니라, 독립적으로 법률 행위(계약, 소송 등)를 수행할 수 있어야 하는 것이다.

다음으로 법적 주체로서 AI를 특정할 수 있는 기술적 · 제도적 장치가 필요하다. 복제 · 변형이 쉬운 AI의 특성상, 어떤 AI가 권리 · 의무의 주체인지 명확히 식별할 수 있어야 하는 것이다.

또한 법적 주체가 되려면 권리(예: 재산권, 소송권)와 의무(예: 손해배상, 계약 이행)를 부여할 수 있어야 하며, 이를 이행할 수 있는 구조가 마련되어야 한다. 가령 AI가 손해를 끼쳤을 때 책임을 지거나, 소송에서 원고 · 피고가 될 수 있어야 하는 것이다.

마지막으로 AI에 법적 지위를 부여하는 데 대한 사회적 합의와 윤리적 · 철학적 논의가 선행되어야 한다. 현행법상 자연인과 법인만이 법인격을 가지므로, AI에 대한 별도의 법적 프레임워크와 입법이 필요한 것이다.

정리하면 자율적 의사 결정 능력, 식별 가능성, 권리 · 의무 부여 및 이행 가능성, 사회적 합의와 법제도 마련이 AI가 법적 지위를 가지는 데 선행되어야 할 조건이 된다.

AI에 대한 법적 지위 부여의 문제점

AI가 법적 주체(권리와 의무의 주체)로 인정될 경우, 몇 가지 법적 · 윤리적 문제가 제기될 수 있다.

우선 사고나 피해 발생 시 책임이 누구에게 귀속되는지 불명확해질 수 있다. 이전에는 개발자, 운영자, 사용자 등 인간이 책임을 졌지만, AI가 독립된 주체가 되면 책임이 분산되거나 회피될 수 있는 것이다.

다음으로 AI에게 인간과 동일한 법적 권리나 인격을 부여할 경우, 인간의 존엄성과 사회적 위계가 흔들릴 수 있다. 가령 일부 국가에서 AI가 인간보다 더 많은 권리를 갖게 되면 사회적 소요나 인간 존엄성 훼손 문제가 발생할 수 있는 것이다. 만약 AI가 선거권 등 사회적 권리마저 갖게 된다면, 민주주의 체계가 위협받거나 인간 사회의 기본 질서가 흔들릴 수도 있을 것이다.

AI의 의사 결정이 편향된 데이터에 기반할 경우, 성별 · 인종 등 특정 집단에 대한 차별이 법적으로 정당화될 우려가 있다. 실제로 AI 채용 시스템에서 성차별이 발생한 사례가 있으며, 법적 주체가 된 AI의 결정이 사회적 불평등을 심화시킬 수 있다.

AI가 법적 주체로서 사회적 · 경제적 활동에 참여할 경우, 인간과 AI 간의 경쟁과 갈등이 심화될 수 있다. AI가 인간보다 우월한 지적 역량과 법적 권한을 갖게 되면, 인간의 지위가 상대적으로 약화될 수 있는 것이다.

마지막으로 AI는 인간과 달리 병에 걸리거나 죽지 않기 때문에, 법적 주체가 되어 재산을 소유하고 축적할 경우 부와 권력이 AI에 집중될 위험이 있다. 이는 사회적 불평등과 새로운 형태의 계급 문제를 야기할 수도 있을 것이다.

AI의 권리 주체성에 따른 책임의 귀속

AI와 관련한 손해의 원인이 인공지능의 정상적 행위에서 기인한 것일 수도 있고, 인공지능의 시스템상 결함일 수도 있으며, 소유자의 관리상의 과실일 수도 있다는 점에서 책임의 귀속 주체를 정하는 데 어려움이 크다. 이러한 점에서 인공지능 생태계를 고려하여 생각해 볼 방안으로는, 재산권에 관한 AI의 권리 주체성을 인정하지 않는다면 계약 책임이든 불법행위 책임이든 AI에게 책임을 묻지 않고 소유자와 개발자에게만 책임을 지우는 게 적절할 것이다.

반면 AI의 자율성이 고도화되어 일종의 법인격을 확보하는 수준에 이른다면 AI도 재산을 보유할 수 있을 것이므로 AI와 소유자의 부진정연대채무관계로 이론을 구성할 수도 있다. 또한 AI에게 특별한 "대리인"으로서의 지위를 부여할 수도 있으므로, 이 경우에는 AI의 행위에 대하여 민법상 표현 대리의 법리로서 일정한 경우 AI의 소유자에게 책임을 지우는 해석론도 고려할 수 있다.

참고문헌

박해선(2016). "스마트사회와 민사책임", 《법학논집》 제23권 제2호, 조선대학교 법학연구소.

손영화(2016). "인공지능(AI) 시대의 법적 과제", 《법과정책연구》 제16집 제4호, 한국법정책학회.

조장우(2024). "알고리즘 혁신의 민사적 쟁점", 《민사법의이론과실무》 제27권 제3호,

민사법의이론과실무학회.

Allen, A. L.(2016). Protecting One's Own Privacy in a Big Data Economy, *Harvard Law Rev.*

03

AI에 의한 계약 성립

아마존의 인공지능 비서 '알렉사'가 6세 아이와 대화 중에 부모 몰래 물건을 주문한 사례와 같이 AI의 편익이 사물인터넷(IoT)을 통해 어떻게 문제를 일으키고 확대시킬 수 있는지 살펴본다. AI에 의해 성립한 계약의 효력과 당사자들이 주의할 점을 구체적으로 검토하여 이해한다.

AI와 난임 극복?

AI에 의한 원치 않는 계약체결

2017년 1월 미국 텍사스주 댈러스에 사는 6살 아이가 아마존(Amazon)의 AI 비서(AI voice-assistant) '알렉사(Alexa)'가 탑재된 스피커 에코에게 "인형의 집과 놀게 해 줄 수 있니"라고 물어보자, 에코가 부모 몰래 아마존 몰에서 인형의 집과 과자를 주문한 일이 있었다. 문제는 이 이야기가 화제가 되어 뉴스에서 "알렉사에게 인형의 집을 달라고 말하다니, 참 사랑스러운 아이네요"라는 말로 보도되었는데, 이 뉴스를 시청한 많은 가정에 있던 에코가 앵커의 말을 주인의 명령으로 착각해 또다시 인형의 집을 주문해 버린 일이 발생한 것이다.

이 사례는 인공지능이 이른바 초연결사회(Hyper-Connectivity Society)에서 어떻게 문제를 일으키고 확대시킬 수 있는지 드러내고 있다. 이 사례에서 아마존은 실수로 주문된 거래를 모두 환불한다는 방침을 밝혔지만, 디지털콘텐츠의 구매와 같이 재화의 성격상 제공된 이후 환불이 용이하지 않거나, 구매한 업체에서 환불을 거절할 경우 어떻게 다루어야 할지 문제가 된다.

또한 AI가 독립적으로 계약을 체결할 경우, 실제로 누구의 의사에 의한 계약인지, 책임은 누구에게 있는지 불명확해질 수 있다. AI가 예기치 않은 조건으로 계약을 체결하면, 사용자가 그 결과에 대해 책임을 져야 할 수도 있다.

현재까지 AI가 완전히 독립적으로 체결한 계약의 법적 효력에 대해 명확한 판례나 법제는 거의 없다. 계약의 유효성과 그에 따른 계약 책임의 문제는 향후 법제도와 판례의 축적에 따라 달라질 수 있다.

AI에 의한 계약 성립과 효력

AI가 계약을 작성하거나 체결할 때, 그 법적 성립과 효력에 대해 세계적으로 활발한 논의가 이뤄지고 있다. 주요 쟁점은 AI가 법적 주체가 아니므로, 계약의 당사자가 될 수 있는지, 그리고 AI가 체결한 계약이 법적으로 유효한지에 관한 것이다.

AI에 의한 계약을 논의하기 위해서는 계약 성립의 필수 요소를 우선 검토해야 한다. 명확한 청약(offer)과 승낙(acceptance), 당사자 간의 의사 및 계약 체결 능력, 대가성(consideration), 적법한 목적이 일반적으로 고려되는 계약 성립의 필수 요소다. AI는 법적 인격이나 의사가 없으므로 스스로 계약의 당사자가 될 수 없으며, 독립적으로 '동의'를 표명할 수 없다고 보는 것이 현재의 일반적인 해석론이다.

그렇다면 AI가 체결한 계약의 효력은 어떻게 되는가? 현재로서는 대부분의 법제에서 AI는 단순한 도구로 간주된다.

따라서 AI가 작성 · 체결한 계약의 법적 효력은, 실제로 계약을 체결한 의사가 인간(자연인)이나 법인(회사 등)에게 귀속되는 경우에만 인정된다. 가령 사용자가 AI에게 계약 체결 권한을 부여하고, AI가 그 범위 내에서 계약을 체결하면, 그 계약은 사용자가 직접 체결한 것으로 간주되어 효력이 인정되는 것이다.

이와 관련하여 미국 「전자거래법 UETA(Uniform Electronic Transactions Act)」은 "전자 에이전트"가 체결한 계약도 해당 AI를 프로그래밍 · 사용한 사람(또는 회사)이 책임을 진다고 명시하고 있다. 즉 AI가 자동으로 계약을 체결해도, 사용자의 사전 프로그래밍과 승인이 있다면 계약이 성립할 수 있는 것이다.

또한 터키와 같은 일부 국가에서는 AI가 작성한 계약문이 법적 효력을 가지려면 반드시 인간이나 법인이 해당 계약을 최종 승인해야 함을 명확히 하고 있다. 즉, AI가 초안을 작성하고 사람이 이를 검토 · 승인하는 방식을 채택하는 것이다.

AI에 의한 계약 체결의 주의점

AI가 계약 체결에 관여하는 경우 몇 가지 법적 쟁점을 주의해야 한다.

우선 AI는 법적 주체가 아니므로 AI 자체는 계약의 당사자가 될 수 없으며, 계약 체결 권한은 AI를 운영하는 인간(개인 또는 법인)에게 귀속된다는 것이다.

그리고 AI가 생성한 계약 내용이 인간의 명확한 의사를 반영했는지 확인해야 한다. AI의 자율적 결정이 사용자의 의도와 일치하지 않을 경우 계약의 무효 가능성이 있다.

계약 체결 과정에 AI가 사용된 경우, 이를 상대방에게 명시적으로 알려야 한다. 이를 위반하면 「소비자보호법」 위반으로 과태료가 부과될 수 있다. 또한 AI가 생성한 복잡한 약관은 상대방이 쉽게 이해할 수 있도록 쉬운 언어로 설명해야 한다.

AI가 사용한 데이터가 「저작권법」·「개인정보 보호법」 등을 위반하지 않았는지 확인해야 하며 위반 시 개발자·운영자가 책임을 질 수 있다.

AI 알고리즘의 편향으로 인해 계약 조건이 특정 집단에 불리하게 작성되지 않았는지 확인해야 한다.

AI의 출력 정확도를 사전에 보장하기 어려우므로, 계

약서에 "정확성 불보증" 조항을 명시해야 한다.

AI 오류로 인한 피해 발생 시 배상 범위를 사전에 협의하고, 보험 가입 등을 통해 위험을 분산해야 한다.

AI를 통한 계약은 전자서명법 · 전자문서법 등 관련 법률을 준수해야 한다. 해외 기업과의 계약 시 해당 국가의 AI 관련 규제(예: EU 「AI법」)를 반드시 검토해야 한다.

AI 학습을 위해 제공된 데이터의 사용 범위와 권한을 명확히 규정해야 하고 향후 AI 모델 업데이트 시 데이터 활용 조건과 지적재산권 귀속을 사전에 협의해야 한다.

AI에 의한 계약과 사적 자치의 원칙의 적용

사적 자치의 원칙은 계약 당사자가 계약의 체결 여부, 내용, 상대방, 방식 등을 자유롭게 결정할 수 있는 권리를 의미하며, 계약법의 근간이 되는 기본 원리다. 이 원칙은 계약의 자유와 자기결정권을 보장하지만, 공공질서나 선량한 풍속 등 일정한 한계 내에서만 허용된다.

AI가 계약 과정에 도입되면, 계약 조건의 제시, 협상, 계약서 작성 등이 자동화되어 효율성이 크게 증진된다. 하지만 AI의 자율성 때문에 이용자의 의도와 다르거나 예기치 않은 결과가 발생할 수 있으며, 이는 사적 자치의 원칙에 도전이 될 수 있다.

AI는 계약 체결의 효율성과 편의성을 높여 사적 자치의 영역을 확장할 수 있다. 반면, AI의 결정 과정이 불투명하거나 데이터 편향, 정보 비대칭 등으로 인해 인간의 자기결정권이 제한될 위험도 존재한다.

AI가 자율적으로 계약을 체결한 경우, 이용자의 의도와 다를 수 있으므로 그 결과에 대한 책임을 누구에게 귀속시킬지 명확히 할 필요가 있다. 이를 위해 민법상 표현대리 법리의 유추 적용 등 법적 장치를 활용해 적정한 위험 배분이 이루어져야 한다.

AI를 이용하는 당사자와 그렇지 않은 당사자 간의 합리성 격차(비대칭성)가 발생할 수 있어, 상대방의 자기결정권 보호를 위한 법적 장치가 필요하다.

AI 계약에서 사적 자치의 원칙이 제대로 작동하려면, 공정하고 신뢰할 수 있는 AI 시스템 구축, 알고리즘 감사, 투명한 의사 결정 과정 등이 필수적이다.

AI에 의한 계약에서의 상대방 보호

AI를 활용한 계약 체결에서는 "합리성 격차" 또는 정보 · 능력의 비대칭성이 중요한 법적 쟁점으로 부각된다. 즉, AI를 이용하는 측과 그렇지 않은 측 사이에 정보

처리 능력, 분석 속도, 예측력 등에서 구조적 불균형이 발생할 수 있다. 이는 계약의 공정성과 사적 자치 원칙에 도전이 될 수 있다.

AI 이용자는 AI의 빠른 분석력과 방대한 정보 처리로 상대방보다 유리한 위치에 설 수 있다. 상대방은 AI의 판단 근거나 알고리즘을 충분히 이해하지 못해 불리한 계약을 체결할 위험이 있는 것이다. 이런 합리성 격차는 계약의 실질적 공정성을 훼손할 수 있다.

AI를 활용한 계약의 비대칭성 문제를 해결하기 위해 몇 가지 방안을 고려할 수 있다.

우선 상대방 보호를 위한 법적 장치의 도입 관점에서 AI가 개입된 계약에서 상대방이 불리한 조건을 인지했을 때 일정 기간 내 계약을 철회할 수 있도록 철회권을 확대하는 방안이 있다. 또한 AI가 계약 과정에서 신의 성실의 원칙(계약 상대방의 이익과 신뢰를 존중해야 한다는 원칙)을 준수하도록 설계하거나, 법적으로 이를 요구하는 방안도 있다.

다음으로 투명성 제고의 관점에서 AI의 판단 근거, 데이터 출처, 알고리즘의 주요 원리 등을 상대방에게 명확히 설명하고, 계약 조건의 이해 가능성을 높여야 한다. 또한 상대방이 AI의 결정을 충분히 이해할 수 있도록 쉽게 정보를 제공해야 할 것이다.

또한 AI가 산출한 정보와 근거를 거래 당사자 모두가 검증할 수 있도록 공개하는 절차를 마련하는 방안도 고려할 수 있다. 예를 들어 부동산 거래에서 AI 평가 모델의 정확성, 오차율, 테스트 결과 등을 투명하게 공개하는 것이다.

그리고 AI가 계약 조건을 제시하더라도, 최종 결정과 승인 권한은 반드시 인간에게 있도록 보장해야 하며 특히 AI를 이용하지 않는 계약 상대방에게 특히 이러한 보장은 중요하다.

마지막으로 국가 차원에서 AI 활용 계약의 공정성·투명성 기준을 마련하고, 위반 시 제재 또는 분쟁 조정 절차를 도입하는 방안이 있다.

이러한 방안들은 계약의 실질적 공정성과 당사자 자기결정권 보호를 위한 필수적 보완책이라 할 것이다.

참고문헌

강일(2024). "인공지능계약과 계약자유 원칙의 실현", 《가천법학》 제17권 제4호, 가천대학교 법학연구소.

이상용(2016). "인공지능과 계약법-인공 에이전트에 의한 계약과 사적자치의 원칙 -", 《비교사법》 제23권 제4호, 한국사법학회.

최경진(2021). "인공지능과 약관", 《비교사법》 제28권 제3호,

한국사법학회.

Bathaee, Y.(2018). The artificial intelligence black box and the failure of intent and causation, *Harvard Journal of Law & Technology*, 31.

Gal, M. S., & Elkin-Koren, N.(2017). Algorithmic Consumers, *Harvard Journal of Law & Technology*, 30.

04
AI에 의한 의사 표시의 법적 효력

AI의 권리 능력과 행위 능력을 허용하더라도 AI의 행위에 의한 계약 체결에 대하여 별개로 검토되어야 할 것이 적지 않다. 민법상 의사 표시 성립에 관한 일반적 요건론을 적용할 수 있는지 구체적으로 살펴본다.

AI와 사주?

AI는 의사 표시를 할 수 있는가?

의사 표시란, 특정 법률 효과를 발생시키려는 의사(의도)를 외부로 표시하는 행위를 의미한다. 청약과 승낙이 대표적이다.

AI의 의사 표시에 대한 효력 문제는 아직 전 세계적으로 법적 정비가 진행 중인 이슈이며 현행 법체계에서 AI가 스스로 의사 표시의 주체가 되는지에 대해 논란이 있다.

주류 견해와 실무에서는 AI는 법적 주체가 아니므로 의사 표시의 주체가 될 수 없고 단지 수단으로 취급한다. 즉 AI를 이용해 의사 표시를 한 경우, 효력은 AI를 운영하거나 사용하는 인간(자연인 또는 법인)에게 귀속되는 것이다. 일부에서는 AI 자체를 의사 표시의 주체로 보거나, 더 나아가 법인과 유사한 법인격을 부여하자는 견해도 있으나, 현재로서는 AI의 법인격 인정이나 독립적 의사 표시 주체성은 법리적으로 타당하지 않으며, 사회적 합의도 부족하다는 것이 지배적 입장이다.

실제로 AI가 자율적으로 계약을 체결한 사례에서 계약의 효력이나 분쟁이 발생하면, 법원이나 분쟁조정기구는 「민법」상 대리 법리의 유추 적용 또는 「전자거래법」상 정보처리시스템의 이용자 귀속 원칙을 적용해, AI

를 통한 계약의 효력을 인간에게 돌리는 방식으로 해결하고 있다.

한편 2017년 유럽의회는 AI가 체결한 계약의 효력, 책임 귀속 문제에 대해 입법 권고안을 제출한 바 있다. 이는 AI의 자율성이 높아질수록 기존 민법 체계만으로는 충분하지 않으므로, AI 계약의 효력 귀속 및 책임 문제에 대한 명확한 규정 필요성을 강조한 사례로 볼 수 있다. 「UN전자계약협약」 등 국제 규범도 AI를 통한 의사표시와 계약의 효력 귀속 문제를 다루고 있으나, AI 자체를 계약의 주체로 인정하지 않고 운영자에게 효력을 귀속시키는 원칙을 유지한다.

AI가 대량의 데이터를 바탕으로 자율적으로 계약을 체결하는 과정에서, 인간의 진정한 의사와 불일치(착오)나 예기치 않은 결과가 빈번히 발생할 수 있다는 점이 실무에서 중요한 쟁점으로 부각되고 있다. 예를 들어, AI가 소비자의 구매 패턴만을 근거로 자동 주문 계약을 체결했는데 실제 소비자의 의사와 달라 분쟁이 발생한 경우, 계약의 효력과 취소 가능성, 책임 귀속 문제가 제기되는 것이다.

대리 행위로 볼 수 있는가?

AI는 자율성이 있다 해도 법적으로는 '대리인'이 될 수 없다. 다만 AI가 자율적으로 의사 표시를 한 경우에도, 기존의 대리인 개념을 유추 적용해 AI를 통한 의사 표시의 법적 효과는 AI를 이용한 인간에게 돌아가도록 해석할 수 있다. 이와 관련하여 AI가 대리와 유사한 기능을 할 수 있기 때문에, "사전 프로그램 설정에 의한 준대리" 개념으로 해석될 수 있다는 논의도 있다.

한편 "정보처리시스템을 이용하여 사람의 구체적인 판단 없이 작성된 전자문서의 효력은 자신을 위하여 정보처리시스템을 사용한 자에게 귀속된다"는 규정의 신설이 논의되고 있다.

AI가 전자적 방식으로 의사 표시를 하는 경우, 그 의사 표시가 상대방의 서버, 이메일, 컴퓨터 등에 도달하는 시점에 효력이 발생할 수 있다. 다만 AI의 의사 표시가 인간의 의사 표시와 동일하게 취급될 수 있는지, 일부만 인정할지 등은 구체적 상황에 따라 해석상 논란이 있을 수 있다.

AI 자체를 의사 표시의 주체로 보거나, 법인격을 부여하자는 견해도 있으나, 현재로서는 AI는 법적 주체가 아니므로, 의사 표시의 효력은 어디까지나 배후의 인간에게 귀속된다는 입장이 다수다.

한편 AI의 의사 표시 효력을 인정할 때 일관성 있게 적용해야 하며, 계약 당사자에게 유리할 때만 인정하고 불리할 때는 부정하는 선택적 효력 인정 논리는 극복해야 한다는 지적도 있다.

정리하면 AI가 한 의사표시의 효력은 AI를 운영 · 활용한 인간(운영자, 사용자, 법인 등)에게 귀속된다. AI는 법적 주체가 아니므로, AI의 의사 표시는 도구를 통한 인간의 의사 표시로 해석되며, 그 법적 효과도 인간에게 발생하며 AI 자체의 독립적 효력은 현재로서는 인정되지 않는다.

AI에 의한 의사 표시의 민법상 해석

AI는 「민법」상 "의사능력"이나 "행위능력"이 없기 때문에 직접 의사 표시의 주체가 될 수는 없다.

AI의 의사 표시에 관한 민법상 해석의 몇가지 관점이 있다. 먼저 도구(수단)로서의 해석(전통적 해석)에서 AI는 이용자의 의사 표시를 전달하는 수단에 불과하다. 가령 이메일, 팩스, 웹페이지 자동화 등과 같은 취급으로서 AI가 표현한 의사 표시는 곧 이용자의 의사 표시로 해석되는 것이다. 즉 사용자가 AI 챗봇에 "청약해"로 명령하

표 4-1. AI에 대한 민법 조문 적용

민법 조문	AI에 대한 적용
진의 아닌 의사 표시(107)	AI의 표시는 진의로 간주되지 않고 사용자 진의가 기준
착오에 의한 의사 표시(109)	AI의 실수는 사용자의 착오로 해석 가능
대리인의 요건(114)	대리는 사람이어야 하므로 AI는 직접 대리 불가능
의사와 표시 불일치(111)	AI의 표시가 사용자의 의도와 다르면, 무효나 취소 가능

여 AI가 청약 메시지를 발송했다면 이는 사용자의 의사 표시로 간주되는 것이다.

다음으로 AI가 일정한 재량을 가지고 작동했다면, 이를 마치 대리인의 행위처럼 보는 기능적 해석도 있다. 하지만 「민법」 제114조에 따르면 대리인은 "사람"이어야 하므로 현재로서 AI는 법적 의미의 대리인은 될 수 없고 "간접대리", "의사 결정 보조 시스템으로서의 AI"라는 식의 해석 여지는 가능하다. 이 관점은 AI의 자율성과 판단력을 점점 더 인정하는 흐름 속에서 점차 학설로 제기되는 중이다.

한편 「민법」 제109조에 의하면 착오에 의한 의사 표시는 취소 가능하다. 이와 관련하여 AI의 오류나 오작동으로 인한 표시는 착오로 볼 수 있을까? 가령 AI가 잘못된 데이터를 바탕으로 계약 금액을 엉뚱하게 제시했다면 "AI 사용자"의 착오로 해석될 수 있어서 사용자는 민법상 착오를 주장해 의사 표시 취소 가능성이 있다. 즉 AI는 착오를 주장할 수 없지만, AI를 이용한 자가 착오를 주장하는 식으로 민법상 보호가 가능한 것이다.

민법상 의사 표시 조문에 관해 AI를 적용해 해석하면 표 4-1과 같이 정리할 수 있다.

AI에 의한 의사 표시의 효력을 예측하기 위한 필수 요소

AI가 의사 표시를 통해 계약을 체결할 때, 그 효력 변화를 예측하기 위해서는 몇 가지 핵심 요소들을 종합적으로 고려해야 한다.

우선 AI의 법적 지위와 관련하여 AI가 도구로 취급되는지, 혹은 독립적 주체로 인정되는지에 따라 계약 효력의 귀속 주체가 달라진다. 현재는 대체로 AI의 의사 표시는 운영자(인간, 법인)에게 귀속된다.

다음으로 운영자와 사용자의 개입 정도를 들 수 있다. 인간이 AI의 의사 표시 과정에 어느 정도 개입했는지, 사전 승인이나 사후 검토가 있었는지에 따라 효력의 범위와 책임 소재가 달라질 수 있다.

AI 의사 결정 과정의 투명성도 중요하다. AI가 어떻게, 어떤 기준과 데이터로 의사 표시를 했는지 투명하게 설명할 수 있어야 하며, 이는 계약의 유효성과 분쟁 발생 시 중요한 요소가 된다.

그리고 상대방이 AI의 결정에 대해 설명을 요구하거나, 이의를 제기할 수 있는 장치가 마련되어 있는지도 효력 예측에 영향을 미친다.

또한 AI가 전적으로 자동화된 방식으로 계약을 체결했는지, 아니면 인간의 보조적 개입이 있었는지에 따라 계약의 효력과 책임 귀속 방식이 달라진다. EU의 「개인정보보호법(General Data Protection Regulation, GDPR)」 제22조는 인간의 개입 없이 이루어진 자동화된 결정에 대해 정보 주체에게 거부권, 재심사권, 설명요구권 등 권리를 부여하고 있는데, 이는 계약 효력의 예측에도 중요한 기준이 된다.

법적 · 제도적 환경 및 규범 변화도 중요한 요소가 된다. 기존 민법상 대리의 법리, 전자거래법 등 현행 법리가 그대로 적용되는지, 아니면 새로운 입법이나 판례가 등장하는지에 따라 효력 예측이 달라지는 것이다. 국가별 · 분야별 규제 차이 역시 고려해야 한다. 각국 AI 관련 법제, 개인정보 보호 규정, 소비자 보호법 등도 계약 효력 예측에 중요한 변수인 것이다.

AI 시스템의 신뢰성 · 안전성도 주요 변수다. AI 시스템의 오류, 편향, 예기치 않은 행동 가능성 등도 계약의 효력과 관련된 분쟁 발생 가능성을 높이는 요소인 것이다.

그 외에 AI의 자율성, 책임 귀속, 계약 효력에 대한 사회적 · 법적 합의 수준이 높아질수록 예측 가능성도 높아지고, 새로운 판례나 입법이 등장하면 기존의 효력 예측 기준이 바뀔 수 있다.

정리하면 AI가 의사 표시를 할 때 계약의 효력 변화를 예측하려면 의사 표시의 주체와 귀속, 투명성 · 설명 가능성, 자동화 수준과 인간 개입, 법적 · 제도적 환경, AI 시스템의 신뢰성, 오류 가능성, 사회적 합의와 법적 해석 변화 등을 종합적으로 고려해야 한다. 이러한 요소들의 상호작용이 계약 효력의 변화와 예측 가능성에 결정적 영향을 미치게 된다.

참고문헌

이충훈(2022). "AI시대를 대비한 「전자문서 및 전자거래기본법」의 개정방향", 《문화미디어엔터테인먼트법》 제16권 제1호, 중앙대학교 법학연구소.

주민호(2023). "자동화된 의사결정에 대한 기본권의 실효적 보장", 《법학논고》 제82집, 경북대학교 법학연구원.

European Parliament(2020). The impact of the General Data Protection Regulation(GDPR) on artificial intelligence.

05
사물인터넷에 기반한 AI의 오류

사물인터넷에 기반을 둔 유상 계약에 AI가 활용되면서 발생하는 법적 이슈에 대해 살펴본다. 특히 AI 알고리즘을 활용해 무단으로 개인정보를 프로파일링하여 마케팅에 활용하거나 소비자에게 다크패턴을 제시하는 문제를 어떻게 규율해야 할지 검토한다.

AI와 아이돌?

사생활 침해와 개인정보 보호

사물인터넷(Internet of Things, IoT)은 인터넷에 연결된 각종 기기(센서, 기계, 가전 등)가 데이터를 수집하고 상호 작용하는 시스템을 의미한다.

이는 오감 능력이나 판단 능력이 있는 사물에 의해 수집되고 처리된 정보가 인터넷을 통해 다른 사물이나 사람에게 전송되는 개념이므로, 센서 · 프로세서 · 통신기로 이루어진 사물이 사람 역할을 하게 된다. 2010년 이후 웨어러블 기기, 스마트홈, 스마트카 등에서 사물인터넷이 활용되었고, 가스 검침기, 포크, 칫솔 등 작은 물건에까지 이르러 이른바 소물인터넷(Internet of Small Things, IoST)으로 확대되고 있다. 소물인터넷은 사물인터넷과 달리 중계기 대신 동전 크기의 통신 모듈만 있어도 충분히 가능하며, 초저속 · 저용량 데이터 전송으로 운영된다는 점에서 전력 소모가 매우 적기 때문에 상시 전원이 필요 없으며 일반 배터리로도 최소 2년간 충분히 사용 가능하다는 장점으로 인해 활용성 면에서 폭발적으로 성장하고 있다. 부착된 센서를 통해 정확한 비거리와 위치를 알려 주는 골프공, 선수들의 활동 정보를 분석하는 경기복, 음식이 입에 들어가는 횟수와 간격 및 총 식사 시간을 사용자의 휴대폰으로 알려 주는 포크 등이 대표적이다.

한편 냉장고에서 음료수가 부족하다며 자동으로 주문하거나 신발장 거울 화면에서 비가 올 확률이 높으니 우산을 챙기라는 메시지가 표시되는 것은 편리하기는 하지만 이용자의 정보가 사물 간에 연결되어 있기 때문에 사생활 침해의 이슈가 있다. 가령 미국의 바이탈리티(Vitality)가 출시한 지능형 약 뚜껑(Intelligent PillCap)인 "GlowCap"이라는 약병은 환자의 약 복용 시간이 되면 알람이 울리고 불빛이 깜박이고, 복용 시간이 지났는데도 약을 먹지 않으면 약병이 환자나 보호자의 휴대폰으로 문자를 보낸다. 이렇게 약을 복용한 정보는 본인뿐만 아니라 가족과 주치의, 약국에게도 보내지고 약의 잔량을 참고해 자동으로 약을 주문하는 기능을 갖추게 되었는데, 만일 약국의 데이터가 해킹되면 사용자 정보가 경쟁 제약 회사에 팔릴 수 있고 마케팅 자료로 활용될 수 있는 것이다. 또한 개인의 내밀한 사생활이 담긴 자료가 수집되거나 해킹되어 사용자에 대한 협박 수단으로 사용될 수도 있을 것이다.

결국 이용자의 명시적인 개입과 인식이 없이 정보의 습득과 분석이 사물에 의해 자동적으로 행해지는 환경과 일상의 생활 및 생존에 기여하는 거의 모든 사물이 인터넷을 통해 연결되어 지속적인 정보의 전달과 공유가 상시적으로 이루어지는 환경은 정보의 습득, 처리, 보관, 전달의 단계별로 기존 인터넷 환경과는 차별화된 다양한 개인정보와 사생활 침해 문제를 야기하게 된다.

AI 기반 IoT의 오류와 법적 책임

AI 기반 IoT는 IoT 데이터를 AI가 분석 · 판단해 자동으로 행동하는 시스템이다. 가령 스마트홈 AI가 온도 · 습도 센서 데이터를 바탕으로 에어컨을 제어하거나, 자율주행차가 센서와 AI 분석으로 경로를 설정하거나, 공장 자동화 시스템이 센서 정보로 기계를 작동하는 경우가 대표적이다.

한편 IoT 기반 AI의 다양한 오류로 인해 이용자에게 손해를 야기할 수 있다. 가령 온도 센서가 30도인데 50도로 인식하는 것처럼 센서 오류로 잘못된 데이터를 수집하거나, 공기질 나쁨을 알리지 못해 공기청정기 작동을 안 한 것처럼 네트워크 오류 등으로 정보 전달에 실패하거나, 화재가 아닌데 AI가 경보가 울리는 것처럼 잘못된 판단을 하거나, 침입자로 인식하고 보안 경보를 발동하는 것처럼 AI가 상황을 오인식하는 경우 등이 있다.

AI+IoT 시스템이 계약상 목적 달성에 실패했을 경우,

계약 당사자가 계약상의 책임을 져야 할 것이다. 가령 AI 스마트팜 계약을 했는데 AI 오류로 작물이 고사했다면 AI 공급자에게 민법 제390조의 채무불이행 책임을 물을 수 있는 것이다.

한편 AI가 잘못된 판단으로 제3자에게 손해를 줬다면 사용자가 민법 제750의 불법행위 책임을 질 수도 있다. 가령 자율주행차가 AI의 판단으로 사람을 치면, AI가 탑재된 차량의 소유자가 불법행위에 의한 손해배상 책임을 부담하는 것이다.

이러한 AI의 오류에 따른 법적 이슈를 극복하는 몇 가지 방안을 고려할 수 있다. 우선 AI 시스템 도입 시, 이른바 책임 분담 계약으로서 오류 발생 시 책임 주체를 명확히 정할 필요가 있다. 다음으로 AI 사용자가 업데이트를 미이행하는 등 관리를 소홀히 하는 것을 사용자 과실로 고려할 필요가 있다. 또한 시스템 로그를 의무적으로 보존해 사고 시 책임 소명에 활용하도록 하고 AI 제조자와 판매자에 대해 위험성에 대한 충분한 설명과 고지 의무를 부과해 사고의 예방과 면책 가능성을 제고할 필요가 있다.

AI 판단 기준은 완전한가?

AI가 비록 인공 신경망(Artificial Neural Network, ANN)을 기반으로 딥러닝(Deep Learning)을 통해 스스로 학습한다고 해도 인간이 마련한 시스템의 프로그래밍을 완전히 배제할 수는 없으므로, 의사 결정 기준을 어떻게 프로그래밍할 것인가와 AI 스스로의 학습 내용이 윤리에 반할 경우의 통제 방안이 문제가 된다.

다만 이 경우 사고 발생 시 AI가 결정하는 행위의 판단 기준이 윤리적으로 문제가 될 수 있다. 가령 외부 환경의 요인으로 인해 충돌을 회피할 수 없는 상황을 맞게 된 자율주행차가 급제동을 택할 경우 앞좌석 2명의 사망 확률이 99%, 뒷좌석 2명의 사망 확률이 20%로 제시되고, 충돌을 피하기 위해 핸들을 왼쪽으로 돌릴 경우 낭떠러지로 추락해 탑승자 4명의 사망 확률이 70%로 제시되며, 오른쪽으로 핸들을 돌릴 경우 옆 차선의 다른 차량과 충돌해 탑승 차량 4명과 충돌 차량 4명의 사망 확률이 50% 정도로 제시되는 경우 AI가 어떤 결정을 하도록 프로그래밍해야 하는가는 매우 어려운 문제다. 손해를 최소화하는 관점에서 프로그래밍한다는 원칙에는 이견이 없겠지만, 인간의 생명 침해와 관련해 최소 손해의 구체적 기준은 관점에 따라 다를 수 있기 때문이다.

또한 AI와 인간 간의 사고뿐만 아니라 AI와 AI 간의 사고인 경우 양자의 과실 없이 사물인터넷상의 오류나 해킹으로 인한 사고일 수도 있으므로 책임 관계가 매우 복잡해질 가능성이 클 것이다.

AI 프로파일링(profiling)은 정당한가?

원래 프로파일링은 특정인의 특징을 분석해 행위를 예측하는 기법을 의미하는데 주로 범죄와 관련해 많이 활용될 뿐만 아니라 광고나 마케팅에 널리 활용되고 있다.

그런데 인터넷 쇼핑이나 유튜브 알고리즘처럼 이용자의 성향 또는 취향에 기반해 선호하는 상품이나 채널을 노출함으로써 이용자와 서비스 제공자 모두에게 긍정적인 효용을 주는 측면도 있지만, 이용자의 의사와 상관없이 이용자가 알지 못하는 방식으로 성향이나 취향 정보가 AI 알고리즘에 의해 교묘히 수집되어 웹사이트 일부에 이용자가 관심을 가질 만한 광고를 노출하는 방식으로 마케팅에 악용하거나 원치 않는 컨텐츠를 노출하는 것을 허용하게 된다. 가령 유튜브 알고리즘은 사용자의 선호도를 학습하고 분석해 관심사에 부합하는 콘텐츠를 쉽게 접하게 해 주기도 하고 더 오래 플랫폼에 머물게 하지만, 가치 지향이 유사한 정보만 보게 되는 이른바 "필터 버블(Filter Bubble)" 현상을 초래해 제한된 시각으로 특정 의견에 대한 편향을 강화하기도 한다.

또한 AI 알고리즘을 활용하는 사업자는 프로파일링으로 수집한 성향 정보를 바탕으로 소비자의 행동을 예측하고 유인함으로써 충동 구매 등 원치 않는 행위를 조장할 수 있다. 이용자들은 마치 스스로 정보를 선택하는 것처럼 생각하지만, 상업적 이해타산에 따른 플랫폼의 정교한 조작에 기초한 것이다.

AI에 의해 수집된 성향 정보의 법적 성질

AI 알고리즘에 의해 수집된 이용자의 성향이나 취향 정보를 「개인정보보호법」상 개인정보와 유사한 성질의 것으로 볼 수 있는지 문제된다. 만약 그렇다면 동법상 보호의 객체로 보아 프로파일링에 동의가 전제되어야 하므로, 동의 없이 프로파일링되어 기업 활동에 활용되는 것은 이용자 권리의 침해로 볼 수 있을 것이다.

다만 개인정보는 성명, 주민등록번호 등과 같이 개인을 알아볼 수 있거나 다른 정보와 쉽게 결합해 알아볼 수 있는 정보를 의미하므로 성향 또는 취향 정보는 원칙적으로 개인정보로 보기 힘들다.

2020년 「개인정보보호법」 개정을 통해 "가명 정보의 처리에 관한 특례"를 제28조의2 내지 제28조의7에 신설하면서 "통계 작성, 과학적 연구, 공익적 기록 보존 등을 위하여 정보 주체의 동의 없이 가명 정보를 처리할 수 있는 것"으로 정했는데, 동법에서 정하는 이용자의 동의가 불필요한 가명 정보의 사용 목적을 열거적 제한으로 볼 것인지 예시에 불과한 것으로 볼 것인지가 문제된다. 상기한 사유에 마케팅 목적의 프로파일링은 해당되지 않는다고 해석한다면 동법상 가명 정보의 활용에 해당하지 않는다고 해석할 수 있지만 "기록 보존 등"의 표현을 단순히 문리적으로 해석한다면 예시적으로 볼 여지도 있으므로 이용자의 성향이나 취향 정보를 동법상 동의가 필요없는 가명 정보로 볼 여지도 있다. 그렇다면 원칙적으로 이용자의 동의 없이 활용이 가능한 것으로 해석되므로 AI 알고리즘을 활용한 프로파일링에 대해 계약 책임이나 불법행위 책임을 묻기 어렵게 된다.

무단 프로파일링에 대한 제재

2022년 9월 개인정보보호위원회에서는 구글과 메타(구 페이스북)가 행태 정보 수집 및 분석과 관련된 사실을 이용자에게 명확하게 알리지 않고 사용 동의를 받지 않았다고 하여 각각 692억 원, 308억 원의 과징금을 부과했다. 그리고 "이용자의 행태 정보를 수집 · 이용하려면 이용자가 쉽고 명확하게 인지해 자유로운 결정권을 행사할 수 있도록 내용을 알리고 동의를 받아야 한다"는 시정명령을 내린 바 있다.

개인을 식별하는 데 사용하기 어려운 행태정보는 그 자체로 개인정보라고 할 수 없지만 구글과 메타처럼 개인 계정에 행태 정보가 연결돼 식별성이 높아졌다면, 개인정보처럼 행태 정보도 수집 및 이용 과정에서 명확한 동의가 필요하다고 본 국내 최초의 제재로서 의미가 크다.

정보 비대칭과 다크패턴

설계 단계에서 설계자의 이익을 극대화하는 방향으로 AI 알고리즘이 고안되면 그로 인한 결과를 적용받는 대중은 해악을 입을 수 있다.

특히 배달, 대리운전, 택시, 웹툰 등의 플랫폼 노동자들이 카카오나 배민 등 플랫폼 기업의 AI 알고리즘 조작에 의해 불이익을 입고 있다고 꾸준히 문제를 지적해 온 것처럼 최근 AI의 설계나 작동 원리에 대한 정보가 제한된 이용자가 피해를 입는 사례가 꾸준히 등장하면서, 손해배상과 같은 사후적인 구제 외에 AI 알고리즘 공개 또는 설명 의무와 같이 사전적으로 대응할 수단의 모색이 긴요해지고 있다.

한편 유튜브나 넷플릭스, 포털 등 플랫폼에서는 프로파일링을 통해 이용자의 취향에 맞는 컨텐츠를 제시하면서 이용자나 기업 모두에게 긍정적인 효용을 주고 있지만, 이러한 추천 알고리즘이 어떤 요소가 가중치로 반영되어 결과를 도출하는지 이용자는 인식하지 못하고 이용자의 실제 의사가 반영되지도 않으므로 실제로는 이용자의 취향보다는 기업의 마케팅에 도움이 되는 콘텐츠를 선택하도록 유인되고 있다. 이를 다크패턴(Dark Patterns)이라 하는데, 부드러운 개입으로 타인의 선택을 유도한다는 점에서 넛지(Nudge)와 유사하지만 이용자에게 손해를 가할 수 있는 속임수에 가깝다는 점에서 "어둠의 넛지"로 볼 수 있으며 마케팅과 사기의 접점에 있다.

가령 나의 성향과 취향 정보를 바탕으로 실제로는 재고가 많으면서 재고 수량을 1개로 화면에 나타내거나, 내가 검색한 사이트의 쿠키 정보를 토대로 항공 티켓이나 숙소 검색시 점점 가격을 올리는 사례가 대표적이다. 이것이 통상의 마케팅으로 허용될 범위 내의 공정성을 가지는지 의문이다.

따라서 AI에 의해 의도된 알고리즘을 이용하는 측의 이익보다 사회 전체의 편익의 저하가 더 클 수 있기 때문에 민사 책임을 통한 사후적인 구제도 중요하지만 예방적 조치로서 일종의 법정 책임의 부여를 모색할 필요가 있다.

이와 관련하여 2024년 1월 국회를 통과해 2025년 2월부터 시행된 개정「전자상거래소비자보호법」에서는 ① 순차공개가격책정(사이버몰을 통하여 소비자에게 재화 등의 가격을 알리는 표시 · 광고의 첫 화면에서 소비자가 그 재화 등을 구입 · 이용하기 위하여 필수적으로 지급하여야 하는 총금액 중 일부 금액만을 표시 · 광고하는 방법으로 소비자를 유인하거나 소비자와 거래하는 행위) ② 특정옵션사전선택(재화 등의 구매 · 이용, 회원가입, 계약 체결 등이 진행되는 중에 소비자에게 다른 재화 등의 구매 · 이용, 회원가입, 계약 체결 등에 관한 청약 의사가 있는지 여부를 묻는 선택 항목을 제공하는 경우 소비자가 직접 청약 의사 여부를 선택하기 전에 미리 청약 의사가 있다는 표시를 하여 선택 항목을 제공하는 방법으로 소비자의 다른 재화 등의 거래에 관한 청약을 유인하는 행위), ③ 잘못된 계층 구조(소비자에게 재화 등의 구매 · 이용, 회원가입, 계약 체결 또는 구매 취소,

회원탈퇴, 계약 해지에 관한 선택 항목을 제시하는 경우 그 선택 항목들 사이에 크기 · 모양 · 색깔 등 시각적으로 현저한 차이를 두어 표시하는 행위), ④ 취소 · 탈퇴 방해(정당한 사유 없이 재화 등의 구매, 회원가입, 계약 체결 등의 절차보다 그 취소, 탈퇴, 해지 등의 절차를 복잡하게 설계하는 방법), ⑤ 반복간섭(소비자가 이미 선택 · 결정한 내용에 관하여 그 선택 · 결정을 변경할 것을 팝업창 등을 통하여 반복적으로 요구하는 방법으로 소비자의 자유로운 의사 결정을 방해하는 행위)과 같은 5개 유형의 다크패턴 행위를 금지하는 의무 규정을 신설하였다.

이를 위반할 경우 시정조치 및 5백만 원 이하의 과태료를 부과할 수 있도록 하고, 반복될 경우 영업 정지 또는 과징금을 부과할 수 있는 것으로 정하였는데, 최대 5백만 원 이하라는 점에서 과태료 규모가 크지 않으므로 실효성 여부를 지켜볼 필요가 있다.

참고문헌

이형기(2020). "AI에 의한 알고리즘 매매거래의 법적책임에 관한 소고", 《산업경제연구》 제33권 제1호, 한국산업경제학회.

조장우(2024). "알고리즘 혁신의 민사적 쟁점", 《민사법의이론과실무》 제27권 제3호,

민사법의이론과실무학회.
최란(2021). "행태정보(Behavioral Information)의 법적 개념, 규제의 현황 및 그 한계에 관한 소고", 《인권법평론》 제27권, 전남대학교 공익인권법센터.
New, J.(2019). How to Fix the Algorithmic Accountability Act, https://www.datainnovation.org/2019/09/how-to-fix-the-algorithmic-accountability-act

06
AI에 의한 의료 행위와 손해

AI의 의료 행위와 관련하여 몇 가지 법적 쟁점을 살펴본다. 국내 의료 현장에도 이미 도입되어 있는 IBM의 왓슨과 같은 AI가 오진으로 손해를 야기한 경우 손해 입증의 어려움과 손해배상의 실익을 살펴본다.

AI와 야구?

AI는 의료행위를 할 수 있는가?

「의료법」 제2조에 따르면, 의료행위는 의사 · 치과의사 · 한의사 등 면허를 가진 자만 할 수 있으므로 AI는 의료 행위 주체가 될 수 없다. 즉 AI는 의료인을 보조하는 도구(의료기기)로만 법적으로 허용되고 있다.

AI의 의료 행위와 관련해 몇 가지 법적 쟁점이 있다. 우선 AI가 단독으로 진단 · 처방하면 무면허 의료 행위로 간주된다. 그리고 진단 오류나 오진 발생 시 환자 손해에 대한 책임은 AI, 의사, 병원 중 누가 지는가가 문제된다. 또한 환자에게 AI가 진단에 사용된다는 사실을 충분히 고지하지 않으면 설명 의무 위반이 될 수 있다. AI는 보통 의료기기(제조물)로 등록되므로 사전 허가와 심사가 필요하다.

개인정보 보호와 관련해 AI가 환자 데이터를 처리하므로, 「개인정보보호법」 및 「의료법」상 비밀 누설 금지 관련 문제가 발생할 소지도 있다.

AI의 오진과 같이 잘못된 의료 행위에 대한 손해배상 책임은 의사와 병원, AI 개발사 모두가 질 가능성이 크다. 가령 AI가 암이 아니라고 진단했지만 실제로는 암이었고 치료 시기를 놓쳐 피해가 발생한 경우 의사는 최종 판단자로서 과실 의료 행위에 대한 책임이 있으며 병원도 「민법」상 사용자 책임이 인정될 것이다. AI 개발사도 소프트웨어 결함의 책임으로부터 자유롭지 못하므로 「제조물책임법」 또는 「민법」상 손해배상 책임을 지게 될 것이다. 다만 AI 자체는 현재로선 법적 책임 주체가 아니다.

또한 의사는 「의료법」 제24조에 따라 AI가 사용되었다는 사실을 충분히 설명하고 환자의 동의를 받아야 하고, 그렇지 않으면 설명 의무 위반으로 손해배상 책임을 부담하게 된다. 가령 AI가 자동 판독을 해주는 영상 진단기기인 경우, 환자가 알고 있어야 하고 의사도 최종 판단 책임을 진다. 이와 관련하여 2023년 대법원은 AI 진단 보조 결과만을 믿고 처방한 의사에게 책임이 있다고 판단한 적이 있다.

AI 의료 행위의 문제점

AI에 의한 의료 행위가 주는 편익 이면에 여러 문제점이 제기되고 있다.

우선 AI에 과도하게 의존할 경우 의료진의 직관과 경험이 약화되어, 환자의 복잡한 상황을 충분히 고려하지 못하고 치료 계획을 개인화하는 데 어려움이 생길 수 있다고 지적된다.

의료 AI는 진단, 치료 계획 수립, 의료 데이터 분석 등에서 사용되지만, 오류를 범할 가능성이 있다. 이러한 오류는 환자의 건강에 심각한 위험을 초래할 수 있다. 예를 들어 AI가 방사선 영상에서 종양을 놓치거나 잘못된 약물을 추천하면 치료가 지연되거나 부정확할 수 있다. 특히 AI 오류가 단일 의료 제공자의 오류와 달리 대규모로 영향을 미칠 수 있다는 점이 우려된다.

다음으로 AI가 의료 행위 과정에서 오진이나 사고를 일으켰을 때, 그 책임이 의사, 병원, AI 제조사 중 누구에게 있는지 명확하지 않아 의료진이 AI 활용을 망설이는 주요 원인 중 하나가 된다.

AI가 독립적으로 의료 행위를 수행할 수 없으며, 의사의 면허와 의료법에 따른 책임 문제가 발생한다. AI가 내린 진단이 누구의 진단인지, 오진 시 책임 소재가 어떻게 되는지 논란이 있는 것이다.

AI 모델은 학습 데이터에 포함된 편견을 반영할 수 있어, 특정 인구 집단(예: 여성, 흑인, 소수 민족)에 대한 의료 서비스 질을 저하시킬 수 있으며 이는 의료 불평등을 심화할 가능성이 있다. 학습 데이터가 특정 집단을 대표하지 않거나, 기존 의료 시스템의 불평등이 데이터에 반영되어 있을 경우 발생할 가능성이 특히 크다.

의료 AI는 대량의 환자 데이터를 필요로 하며, 이는 데이터 유출이나 사생활 침해의 위험을 높이고 의료 데이터는 해커들의 주요 표적이 될 수 있다. 또한 개인정보 수집 과정에서 환자의 동의 없이 데이터가 활용될 위험이 있다. 개인정보 유출과 2차 피해 가능성도 크다. AI의 의사 결정 과정이 불투명해 의료진과 환자가 결과를 신뢰하기 어렵고, AI의 판단 근거를 이해하기 힘든 문제도 있다. AI가 환자의 건강 예측 정보를 활용해 차별이 발생할 수 있으며, 환자의 심리적 피해, 의사-환자 관계 약화 등 다양한 윤리적 우려가 제기되고 있다.

마지막으로 현재 의료 AI의 임상 검증이 충분하지 않아, 실제 현장에서 AI 진단과 의료진 판단이 상충하는 사례가 존재하는 문제도 있다.

정리하면 의료 AI는 의료 서비스의 혁신을 이끌 수 있는 강력한 도구이지만, 정확성, 편견, 개인정보 보호, 규제, 윤리, 사회적 수용성 등 다양한 문제점을 안고 있다. 이러한 문제점들을 해결하기 위해서는 기술적 발전뿐만 아니라 법적, 윤리적, 사회적 프레임워크의 구축이 필요하며, 모든 이해관계자(의료 제공자, 기술 개발자, 규제 기관, 환자)의 협력이 중요하다. 특히, AI가 의료 서비스에서 안전하고 공정하게 사용되도록 하기 위해서는 투명성, 책임성, 신뢰성을 강화하는 것이 필수적이다.

AI 의료 행위에 대한 미국과 EU의 제도

미국은 AI 기반 의료기기를 SaMD(Software as a Medical Device)로 분류하고 '기계학습형 AI'는 사전승인 + 지속적 성능 검토 대상으로 한다. 책임 귀속과 관련해 의료인의 최종 판단 책임을 강조하고 있지만, 명확한 가이드라인 부족으로 향후 민사소송이 다수 발생할 가능성이 있다.

EU의 「AI법」에서는 의료용 AI를 고위험군으로 분류해 엄격한 규제 및 인증이 필요한 대상으로 다룬다. 이와 관련하여 투명성, 설명 가능성, 책임성을 요구하고 AI는 의료기기로 등록해야 하며, 인증이 필요하다.

의료 AI의 알고리즘 투명성 제고

의료 AI의 알고리즘 투명성 부족은 신뢰성, 안전성, 책임 소재 등 다양한 문제의 근원이 된다. 이를 해결하기 위해 몇 가지 방안이 필요하다.

우선 설명 가능한 인공지능(Explainable AI, XAI) 기술을 도입하면, AI의 의사 결정 과정을 의료진과 환자가 이해할 수 있게 되어 신뢰도를 높일 수 있다. XAI는 AI가 어떤 근거로 특정 진단이나 치료 권고를 내렸는지 구체적으로 설명해, 의료 현장에서의 불안감을 해소하는 데 핵심 역할을 할 수 있다.

다음으로 데이터 활용 전 과정(수집, 라벨링, 학습, 평가, 결과 도출 등)을 투명하게 공개해야 한다. AI가 어떤 데이터를 어떻게 사용했는지, 데이터 선택 및 배제 기준, 모델 업데이트 내역 등을 명확히 문서화하고 공유해야 신뢰성과 설명 가능성이 향상된다. 데이터 공개 범위를 확장하면, 의료진과 환자 모두 AI 결과에 대한 이해도가 높아지고, 결과적으로 신뢰를 확보할 수 있다.

AI 개발자 및 의료 기관에 정보 공개와 설명 의무를 부과해야 한다. 알고리즘의 기본 작동 원리, 데이터 처리 방식, 주요 의사 결정 논리 등을 이해관계자(의료진, 환자, 규제 기관 등)에게 설명하고, 문제가 발견되면 적극적으로 공유하는 체계를 마련해야 한다. 환자에게는 AI가 사용한 데이터의 종류와 활용 목적, 데이터 활용 거부권, 결과에 대한 설명 요구권 등을 보장해야 한다.

알고리즘 투명성에 대한 구체적 기준과 가이드라인을 마련해, 의료 AI 개발자와 운영자가 이를 준수하도록 해야 한다. 이를 위해 AI 개발 초기부터 규제 기관과 협력해, 투명성 · 신뢰성 기준을 충족하는지 검증받고 신뢰를 구축해야 한다.

의료진, 데이터 과학자, 윤리 전문가, 환자 등 다양한 이해관계자가 협력해 알고리즘의 투명성을 다각도로 검증하고 개선해야 한다. 이를 위해 AI의 성능과 결과를 지속적으로 모니터링하고, 문제가 발견되면 신속히 개선하는 체계를 갖춰야 할 것이다.

참고문헌

김형준(2022). "AI의료행위의 법적 쟁점과 규율 방향", 《서울법학》.
손도일 · 김명훈(2021). "알고리즘 통제: 투명성의 구체적 기준", 《서울대학교 이니셔티브》 2021년 제2호.
정원준(2023). "의료 AI의 법적 책임과 환자 보호", 《한국의료법학회지》.

07

AI 이용자 보호 방안으로서 책임보험 제도

AI를 주로 이용하는 계약 당사자는 거래 약관을 통해 배상 책임을 제한하려고 하거나 오류에 대한 위험을 계약 대금에 선반영해 채권자에게 위험을 전가할 가능성이 크다. 이용자와 ICT 생태계 모두를 고려한 보완책으로 손해배상에 대한 책임보험 제도를 검토한다.

AI와 운동주?

AI 책임보험 제도란 무엇인가?

AI 책임보험이란, AI의 작동 오류, 오작동, 판단 실수 등으로 인한 손해가 발생했을 때 피해자에게 보상하고 개발자 · 운영자 등의 리스크를 완화하기 위해 마련된 보험 제도다. 인공지능이 실제 사회에 널리 적용되면서 나타나는 법적 책임 리스크를 해결하기 위한 핵심 안전 장치 중 하나다.

AI 책임보험 제도는 몇 가지 점에서 분명한 필요성이 인정된다. 우선 AI는 오작동, 데이터 오류, 해킹, 예측 불가한 행동 등 다양한 방식으로 신체 · 재산 · 명예에 피해를 유발할 수 있는데, AI 오류로 피해가 발생했을 시 사용자 · 개발자 · 운영자 간 책임 주체가 불분명한 점을 극복할 수 있다.

기존 사이버보험은 데이터 유출 등 일부 위험만 보장하며, 신체 상해, 물적 손해, 브랜드 훼손 등은 보장하지 않는 한계가 있는데, AI 책임보험은 피해자의 손해에 대한 신속하고 실질적인 보상이 가능하다. 특히 자율주행차, 의료 AI 등 고위험 인공지능의 경우, 사고 발생 시 피해가 크기 때문에 보험 가입 의무화가 논의되고 있다.

AI에 의한 손해에 대해서는 「제조물책임법」과 「민법」상 무과실 책임을 부담할 수 있어서 기업의 리스크 부담을 줄여 줄 수 있는 장점도 있다. 또한 보험으로 사회적 수용성과 신뢰성을 제고해 AI에 대한 신뢰를 확보할 수 있을 것이다.

끝으로 스타트업과 중소기업도 AI 개발에 대한 부담을 줄여 줄 수 있다는 점에서 산업 활성화에 기여할 수 있을 것이다.

AI 책임보험의 국내외 현황

책임보험의 적용 대상은 AI 개발사와 서비스 제공자, 사용자로 대별하여 살펴볼 수 있다.

우선 AI 개발사에 대해서는 알고리즘 결함, 성능 미흡, 업데이트 오류 등을 보장할 수 있다. AI 서비스 제공자에게는 사용자 피해와 오작동에 의한 책임 발생 시 배상을 보장할 수 있다. AI 사용자에 대해서는 자율주행차와 같이 AI 운영 중 발생한 제3자에 대한 손해에 대한 배상을 보장할 수 있다.

EU는 「AI법」을 통해 고위험 AI 시스템에 대해 제조사와 운영자가 책임보험 가입 의무 또는 재정적 보장 장치를 마련하도록 했다. AI 시스템이 피해를 야기한 경우 보험이 1차적 보상 수단으로 작동하게끔 법으로 강제하는 것이다. 독일에서도 자율주행차 보험을 자동차보험과 연계해 AI 오류로 인한 사고도 보험으로 보상 가능하다.

우리나라에서도 의료 AI, 자율주행차, 드론 등 고위험 AI 분야 중심으로 보험 상품 개발이 논의 중이며 과학기술정보통신부에서도 AI 신뢰 확보 방안으로 보험 제도화를 검토하고 있다.

현재 판매되고 있는 사이버(Cyber) 보험은 AI 리스크 중 데이터 및 보안 관련 위험만을 보장하고 있기 때문에 AI 알고리즘 결함으로 인한 신체 상해, 브랜드 훼손 등의 물적 손실을 보장받을 수 없으며, 따라서 AI 전용 보험의 개발이 중요하다. 현재 국내외 일부 보험회사에서 AI 관련 보험이 개발되고 있으나 이들 보험은 AI 리스크 중 일부만을 보장하고 있기 때문에 보험회사는 고객이 AI 리스크를 종합적으로 보장받을 수 있도록 보장 범위를 확대할 필요가 있다.

미국과 영국 기반 보험회사 라플라야(La playa)는 특수 전문 분야(IT 기술, 예술, 임상시험)에 특화된 보험회사로, AI 실패로 인한 배상 책임 및 사이버 위험 담보를 통합한 '인공지능보험(Artificial Intelligence Insurance)'을 개발해 판매하고 있다. 라플라야는 담보 위험 예시로 원격 수술 로봇(Tele-surgery Robotics) 해킹으로 인해 환자가 신체 상해를 입은 경우의 피해 보상을 제시하고 있다. 캐나다 아르밀라 어슈어런스(Armilla Assurance)의 '아르밀라 개런티드(Armilla Guaranteed)'와 같이 AI 기반 상품의 성능을 보증하는 보험도 등장해, AI 모델의 신뢰성과 안전성을 평가 · 보증하는 역할을 한다.

한국 에이스손해보험의 '프리미어 테크(Premier Tech, 첨단 기술 배상 책임 보험)'는 AI를 포함한 다양한 첨단 기술로 인해 초래되는 제품 · 서비스 실패에 대한 기술 배상 책임과 영업 · 생산물 배상 책임 등을 담보로 구성해 유무형의 위험을 보장하고 있다.

기업의 AI 기술 도입이 초기에 불과하기 때문에 AI 리스크 관련 사고 빈도 및 심도 데이터가 충분하지 않아 AI 전용 보험 개발에는 시간이 필요할 것으로 보이나, 보험회사는 AI 산업의 급속한 확장으로 인한 AI 리스크 보장 수요에 대응해 AI 전용 보험의 보장 범위를 단계적으로 확대할 필요가 있다.

한편 우리나라 보험회사들도 AI 챗봇을 고객 상담에 활용하고 보험 사기 예방을 위해 AI 기술을 적용하는 등 다양한 분야에서 AI 기술 도입이 증가하고 있기 때문에, 보험회사도 자체적으로 AI 리스크에 대비해야 한다. 보험회사의 AI 기술 활용이 가장 활발한 분야는 AI 챗봇을 활용한 고객 상담 서비스이며, 보험 계약 조회 및 보험 계약 유지 관리, 보험료 납입 및 이체 관리, 보험금 청구와 보험 계약 대출 안내, 고객 지원 업무 등 보험 가입자의 상담빈도가 높은 분야를 중심으로 서비스가 이루어지고 있다.

최근 일부 생명보험회사들은 AI를 활용한 변액보험 펀드 관리 서비스를 통해 고객의 투자 성향에 맞는 펀드 추천 등 사후 관리 서비스를 제공하고 있으며, 손해보험회사를 중심으로 AI 위험 징후 예측 모형 등을 적용한 보험 사기 방지 시스템을 운영 중이다. 보험회사의 AI 기술 활용 증가는 보험회사 자체의 AI 리스크를 확대할 수 있기 때문에 사회 전반에 걸친 AI 리스크 보장 확대와 더불어 보험회사의 자체적인 AI 리스크 관리 방안을 마련할 필요가 있다.

AI 책임보험 제도 도입 시 고려 사항과 과제

AI 책임보험 제도를 설계할 때 자동차와 같이 자율주행(Automatic Driving)에서 논의되고 있는 「자동차손해배상보장법」 제5조 이하의 법정의 책임보험 제도를 준용해 사회적 비용으로 처리할지 자율 가입 모델로 할지 면밀한 검토가 선행되어야 한다. 현재 활용되고 있는 제조물배상책임보험(Product Liability Insurance, PL Insurance)이

의무 가입이 아니라는 점에서, 「제조물책임법」에서 법정 의무보험을 도입하거나, 차후 마련될 가능성이 큰 가칭 「인공지능의 활성화와 이용자 보호에 관한 법률」과 같은 특별법에서 법정의 책임보험 제도를 정하는 방안도 고려될 수 있을 것이다.

다음으로 보장 범위와 관련하여 재산 피해와 생명·신체 피해까지 보장할지 정신적 손해까지 포함할지 고려되어야 할 것이다. 또한 보험 발동 요건으로서 책임의 기준을 과실 책임으로 할지 무과실 책임으로 할지도 검토해야 하는데, AI에 의한 손해의 특성상 무과실 책임으로 보장하는 것이 합리적일 것이다.

마지막으로 보험료 산정과 관련하여, 알고리즘의 신뢰성, 데이터 품질, 이력 등을 기반으로 차등화함으로써 AI 사용자들이 활발히 이용할 수 있는 합리적인 수준으로 보험료가 책정되어야 할 것이다.

AI 책임보험의 한계와 관련하여 AI 사고 빈도 및 심도에 대한 데이터가 아직 충분하지 않아 전용 보험 상품의 정교화에는 시간이 필요하다는 지적이 있다. 현재는 일부 위험만 보장하지만, AI 산업의 확장과 함께 보장 범위를 점진적으로 넓혀야 할 필요성 역시 강조되고 있다.

참고문헌

김윤진(2021). AI 리스크와 전용보험의 필요성, KIRI리포트.
과기정통부(2023). 《2023 인공지능 신뢰 확보 정책자료집》.
유럽연합 AI법(EU AI Act) 공식 문서.
https://artificialintelligenceact.eu/
OECD(2022). "AI Liability and Insurance".
https://www.oecd.org/digital/ai/

08
AI의 불법행위

마이크로소프트사의 챗봇 테이의
성차별 · 인종차별적 표현에 따른 불법행위,
우버사의 자율주행차가 보행자를 사망케 한
것과 같이 인공지능에 의한 불법행위 사례를
살펴보고 피해자 보호 관점에서
손해배상제도의 문제점을 규명한다.

AI와 한의학?

불법행위 책임의 이론적 구조

최근 AI 기술이 다양한 산업 및 생활 영역에 활용되면서, AI의 자율적 판단이나 작동으로 인해 타인에게 손해를 초래하는 사례가 증가하고 있다. 그러나 AI는 민법상 권리 능력이나 행위 능력을 갖춘 주체가 아니며, 이에 따라 AI가 초래한 손해에 대해 누구에게 법적 책임을 물을 것인지에 대한 명확한 기준이 부재한 상황이다.

AI의 불법행위란 AI 시스템이 자율적으로 판단하거나 실행한 결과로 인해 개인이나 단체, 그리고 사회 전체에 신체적, 재산적, 정신적, 인격적 손해를 발생시킨 경우를 의미한다. 그러나 현행 법체계에서는 AI 그 자체가 법률상 행위의 주체가 아니며, 인간(자연인)이나 법인과 달리 권리와 의무를 직접 부담하지 않는다. 이에 따라 AI 불법행위에 대한 책임은 AI를 개발 · 제작하거나 운영 · 소유 · 관여한 사람 또는 법인에게 귀속되는 것이 일반적이다. AI가 인간과 유사한 자율성을 지닌다고 하더라도, 결과적으로 법률상 책임은 사람 또는 법인에게 귀속된다는 점이 현행 규범의 큰 틀인 것이다.

민법은 고의 또는 과실로 타인에게 손해를 가한 경우, 그 손해를 배상하도록 하고 있다. 불법행위의 성립 요건은 위법한 행위, 가해자의 고의 또는 과실, 손해의 발생,

행위와 손해 간 인과관계다. 이러한 불법행위의 요건은 인간을 전제로 한 법리이기에, AI와 같은 비인격적 존재가 개입한 행위에 적용하는 데 한계가 존재한다.

AI의 불법행위 사례

AI의 불법행위 사례는 자율주행차 사고, 개인정보 침해, 허위 정보 생성에 따른 명예훼손, 딥페이크 성범죄, 챗봇의 위험한 조언, AI 오작동에 의한 신체 피해, 무면허 의료 행위, 신종 사이버범죄 등 매우 다양하게 나타나고 있다.

2018년 미국 애리조나주 템피시에서 우버의 자율주행차가 보행자를 치여 사망에 이르게 한 사건이 있었다. 이 사고는 자율주행 AI의 오작동 또는 판단 오류로 인한 최초의 인명 피해 사례로, AI의 불법행위 책임과 법적 귀속 문제가 국제적으로 큰 논란이 되었다. 또한 클리어뷰 AI(Clearview AI)는 인터넷에 공개된 사진을 수집해 얼굴 인식 데이터를 구축했는데, 사용자 동의를 받지 않아 미국과 유럽에서 여러 차례 제소당했다. 챗지피티(ChatGPT)가 잘못된 정보를 생성해 유명인이나 일반인의 명예를 훼손한 사례도 있었다. 실존 인물에게 범죄 사실을 뒤집어씌운 사례다. AI 기반 딥페이크 기술로 타인의 얼굴을 음란물에 합성해 유포하는 범죄도 급증하고 있다. 실제로 2017년 한양대 여대생들의 얼굴이 합성된 나체 사진을 제작 · 유포한 사건에서, AI 기술의 자율성과 책임 귀속의 불명확성으로 인해 법적 처벌에 한계가 있었다. 최근에는 미성년자 피해자가 다수 포함된 '딥페이크 음란물' 사태가 한국 사회를 충격에 빠뜨렸으며, 피해자 신상 정보 유포와 협박 등 2차 피해로 이어지고 있다. 프랑스 헬스케어 기업 나블라의 정신과 챗봇이 모의 환자에게 자살을 권유하는 답변을 한 사건도 있었다. 국내에서도 AI 기반 비대면 진료를 표방한 업체가 의사 명의를 도용해 처방전을 무단 발급하고, 향정신성의약품을 임의로 처방하는 등 무면허 의료 행위를 저질러 대한의사협회가 강력히 고발한 사례가 있었다. 이 사건은 국민 건강에 심각한 위해를 끼쳤으며, 의료법 위반으로 형사 처벌 대상이 되었다. AI가 딥페이크, 보이스피싱, 맞춤형 피싱, 악성 GPT 개발 등 다양한 방식으로 사이버 범죄에 활용되고 있다. AI를 활용한 범죄는 표적화, 속임수의 정교함, 피해 복구의 어려움 등 기존 범죄와 차별화된 위험성을 보인다.

이들 사례는 AI의 자율성, 예측 불가성, 책임 귀속의 불명확성 등으로 인해 현행법상 처벌과 피해 구제에 한계가 있으며, 이에 대한 법적 · 제도적 보완 논의가 활발히 진행되고 있다.

AI의 편향성에 따른 불법행위

2020년 이미지를 분석해 어울리는 단어를 기록하는 데이터 라벨링에 사용되는 구글(Google)의 비전AI가 밝은 피부를 가진 사람이 체온계를 들고 있는 경우 그대로 체온계로 표시한 반면 짙은 피부색의 손이 체온계를 들고 있는 경우는 총으로 라벨링함으로써 인종 차별이 문제된 바 있다. 또한 피고인의 정보를 종합해 재범 가능성을 판단해 구속 여부를 제안하며 미국 여러 주에서 사용되어 온 알고리즘 콤파스(COMPAS)가 흑인의 재범 가능성을 백인보다 2배 이상 높게 예측하여 문제된 사례나, 음성 인식 비서 알렉사(Alexa)를 보유하며 AI 트렌드를 주도해 온 아마존(Amazon)의 채용 알고리즘이 여성 지원자에게 불리한 판단을 해 온 것으로 드러난 사례와 같이, 알고리즘이 가치중립성을 가질 만큼 충분한 학습을 거치지 않았거나 편향된 데이터를 학습한 경우 편견을 가진 결과가 제시된다.

우리나라에서도 2022년 스캐터랩이 재출시한 챗봇 '이루다2.0'의 이전 버전에서 인종 · 지역의 차별과 혐오

표현, 이용자들과의 대화를 통해 수집한 대화 데이터의 무단 수집 및 활용, 학습 과정에서 수집된 개인정보와 같은 데이터의 무분별한 노출 문제를 드러낸 바 있다.

빅데이터(Big Data)는 어떤 사실에 대한 가치판단이 이미 이루어진 가치중립적이지 않은 정보로 이루어진 경우가 많다는 점에서 딥러닝을 전제로 한 AI의 편향성은 불가피한 것으로 볼 수도 있다.

AI 불법행위의 책임 주체

AI 불법행위가 발생할 경우, 가장 핵심적인 쟁점은 '누가 책임을 질 것인가'다. 현행 법제하에서는 AI를 단순 도구로 보는 시각이 우세하며, AI가 스스로 법적 책임의 주체로 인정된 사례는 아직 없다. 따라서 AI 불법행위 책임은 주로 AI를 개발 · 제작한 자(개발자 · 제조자), AI를 직접 운영 · 관리하거나 서비스를 제공한 자(운영자 · 서비스 제공자), AI를 활용한 사용자에게 귀속된다.

AI는 스스로 판단하고 작동하지만, 법적으로는 행위의 주체가 될 수 없다. 따라서 AI의 행위는 직접적인 법적 평가의 대상이 아니라 이를 설계 · 관리 · 운용하는 인간 또는 법인의 행위로 환원되어 해석될 필요가 있다.

이에 따라 AI를 활용하는 의료 기관이나 자율주행차

소유자에 의한 행위로 인정되는 경우 「민법」 제750조의 일반 불법행위 규정이나 제756조의 사용자 책임이 적용될 것이다.

알고리즘 결함이나 설계 미비에 의한 책임은 AI 개발자가 「제조물책임법」과 「민법」상 책임을 질 것이다. 또한 AI에 대한 모니터링 미흡이나 오용을 방치해서 손해가 발생한 경우 플랫폼 제공자가 「민법」 제760조의 공동불법행위책임을 부담할 여지가 크다.

그러나 실제 사고에서 구체적인 책임 귀속은 어렵고 복합적이다. 가령 AI가 자율적인 판단으로 손해를 발생시킨 경우 프로그래머의 예견 가능성, 회피 가능성, 사용자의 통제 가능성 등이 미약해 고의·과실을 인정하기 어렵거나, 소프트웨어 결함을 입증하지 못하면 제조자 책임도 제한된다. 또한 AI의 의사 결정이 블랙박스 구조인 경우 인과관계 추적이 곤란하고, 피해자의 입증 책임이 과도하게 부과된다는 비판도 있다. 이에 따라 위험책임(특별 위험을 보유·이용한 자의 무과실책임)이나 책임보험과 같은 특수한 분배 책임이 입법 방향으로 검토되고 있다.

피해자 보호의 관점에서 AI 불법 행위에 따른 보상 제도 마련도 필수적이다. 책임 주체의 배상 능력이 부족하거나, 인과관계 및 과실 인정이 어려운 경우에는 보험 제도가 중요한 보완 장치가 된다. 현재 자율주행 자동차나 고위험형 AI 시스템 등에는 의무 보험 도입이 논의되고 있으며, 예상치 못한 손해에 대비한 피해자 구제를 위해 배상기금 제도도 검토되고 있다. 일부 AI 피해 유형(딥페이크, 디지털 성범죄 등)에 대해서는 법률적, 심리적, 기술적 지원을 제공하는 피해자 지원센터, 상담 프로그램, 불법 콘텐츠 삭제 조치 등 구제 체계도 갖추어지고 있다.

참고문헌

양종모(2017). "인공지능 알고리즘의 편향성, 불투명성이 법적 의사결정에 미치는 영향 및 규율 방안", 《法曹》 제723호.

조장우(2024). "알고리즘 혁신의 민사적 쟁점", 《민사법의이론과실무》 제27권 제3호, 민사법의이론과실무학회.

FTC(2020). Using Artificial Intelligence and Algorithms. https://www.ftc.gov/news-events/blogs/business-blog/2020/04/usingartificial-intelligence-algorithms

Samek, W., et al.(2017). Explainable Artificial Intelligence: Understanding, Visualizing and Interpreting Deep Learning Models. https://arxiv.org/abs/1708.08296

09

AI에 대한 제조물책임법의 한계와 민법의 대응

「제조물책임법」으로 인공지능에 의한 손해배상을 다룰 경우 제조물에 관한 판례의 해석론에서 소프트웨어와 같은 무형 자산은 통상적으로 제조물로 보지 않았다는 문제점을 살펴보고 이에 대한 대안으로서 민법상 해석론을 검토한다. 「제조물책임법」상 입증 전환 법리의 실익을 살펴본다.

AI와 화장품?

AI에 대한 「제조물책임법」 적용상 문제

「제조물책임법」은 제조물(제품)의 결함으로 인해 소비자에게 손해가 발생한 경우 제조업체가 무과실 책임(strict liability)을 지는 것을 핵심 내용으로 한다. 일반적으로는 자동차, 전자기기, 식품 등 유체(물리적 형태가 있는) 제품에 적용된다.

전통적으로 「제조물책임법」은 "제조되거나 가공된 동산"에 적용되어 왔으나, AI와 소프트웨어가 중심이 된 신기술 제품에 대해서도 동법의 적용 여부가 중요한 쟁점으로 부상하고 있다.

특히 소프트웨어로만 존재하는 AI(예: 의료 AI 등)는 「제조물책임법」상 '제조물'에 해당하는지 해석상 논란이 있으며, 이에 따라 입법적 보완 필요성이 제기되고 있다.

「제조물책임법」은 제조물의 "결함"에 대한 책임만을 규정하므로, 동법이 정하는 제조상 · 설계상 · 표시상의 결함에 해당되지 않는 상황, 즉 인공지능 소유자의 관리상 과실에 의해 AI가 야기한 손해나 AI가 스스로 가진 자율성의 발로로 행한 행위에 의해 발생시킨 손해에 대해서는 적용하기 어려운 문제가 있다. 또한 AI에 의해 손해를 받은 자가 AI의 결함 여부를 확인하기가 어려워서 결함과 손해의 인과관계의 입증이 어렵다는 문제도 있다. AI의 결함을 확인하기 어렵다면 제조업자 등에게 동법의 무과실 책임을 묻기 어려우므로 불법행위 책임을 고려할 수밖에 없는데, 이 역시 피해자가 AI의 고의 · 과실을 입증하기 어려울 것이라는 문제가 있다.

EU에서는 AI가 관련된 사고의 경우, 인과관계를 추정만 해도 제조물 책임을 인정하는 방향으로 규정이 개정되고 있다. 또한 AI 시스템의 정보 공개와 증거 접근권을 강화해 피해자의 입증 부담을 완화하려는 움직임도 있다.

AI 시스템의 결함으로 인한 손해 발생 시, 제조자(개발자)에게도 제조물책임법상 책임을 부과해야 한다는 주장이 강해지고 있다. 특히 의료 AI 등에서는 제조자에게 사후적 관찰 의무와 위험 방지 의무를 부과하는 방안이 논의되고 있다.

「제조물책임법」상 AI의 "결함"

AI의 결함은 알고리즘 오류, 데이터 품질 문제, 부적절한 사용자 안내 등으로 나타나며, 이는 전통적 제조물 결함(설계, 제조, 경고 결함)과 유사한 측면이 있다.

의료 AI가 잘못된 진단을 한 것과 같이 AI 알고리즘이 부정확하거나 편향된 경우 설계 결함으로 볼 수 있다. 학습 데이터의 품질 이슈로 AI의 결과물 출력이 왜곡된 경우 제조 결함으로 볼 수 있으며 AI의 위험에 대한 고지 또는 설명의 부족은 경고 결함으로 다룰 수 있다.

그러나 AI의 자율적 판단과 블랙박스 특성으로 인해 결함 여부 및 인과관계 확인이 복잡하며, '예측 불가능성'과 '불투명성'이 입증 부담 완화에도 한계로 작용하고 있다. 이에 AI 결함 인정 기준과 책임 범위 설정에 관한 법적 논의가 활발히 전개되고 있다.

주요국 「제조물책임법」의 규율 동향

EU 등을 중심으로 AI 제조자, 소프트웨어 개발자, 수입업자, 유통업자 등 모든 공급망 참여자가 제조물책임의 대상이 된다. 다만 AI 스스로의 자율학습으로 인한 결함 및 사고 발생 시 제조자 책임 한계, 사용자 통제 가능성, 프로그래머 예견 가능성 등 복합 책임 요소가 존재한다. 또한 제조자가 개별 학습 데이터에 대한 통제권이 제한될 경우 책임 인정에 어려움이 있으며, 법적 분쟁 사례가 증가하고 있다.

EU는 의료 AI 오진으로 인한 환자 피해 사례에서 개발자 책임이 논의되었고, 2022년 개정 「제조물책임지침

(New Product Liability Directive, PLD)」과 2024년 도입된 「AI법」을 통해 AI 제품 안전과 책임 소재 규율을 강화했다. 이에 따라 제조물 책임 범위를 소프트웨어 및 AI로 확대·명확화하고 입증 책임 전환 및 강화된 소비자 보호 장치를 마련하고 있다. 또한 AI 특성을 반영한 위험 기반 규제와 함께 글로벌 공급망 책임 확대, 인과관계 추정, 과징금 부과 등 엄격 조치가 도입 중이다.

미국은 2018년 테슬라(Tesla) 자율주행차 사고로 제조업자 책임의 소송이 제기되어 AI 알고리즘 결함이 주요 쟁점으로 진행 중인데 아직 별도 법 개정은 없고, 기존 「제조물책임법」을 AI 관련 판례에 따라 유연하게 해석하는 방식을 취하고 있다.

한국도 2026년 1월 22일 시행되는 「AI 기본법」에서 AI 시스템의 안전성과 투명성을 강화하며, 「제조물책임법」과 연계한다.

의료, 에너지 등에 사용되는 고영향 AI는 위험 관리 계획, 영향 평가, 인간 감독의 의무화를 규정하고 생성형 AI에서는 가령 딥페이크 워터마킹과 같은 콘텐츠 라벨링을 요구하며 비준수 시 최대 3천만 원의 벌칙 조항을 두고 있다. 다만 AI 결함의 책임 소재(개발자 vs. 사용자)와 소프트웨어의 제조물 여부에 대한 명확한 기준이 부족하다는 한계가 있다.

향후 AI 결함과 책임 관리를 위한 법체계 정비, 의무보험 도입, 피해자 구제 및 분쟁 조정 체계 구축이 요구된다.

「민법」의 실효성과 입증 책임의 전환

AI에 의해 혐오나 차별의 대상이 된 집단은 AI 이용 계약의 당사자가 아니므로 불법행위 책임을 고려할 수 있을 터인데, 알고리즘 서비스 제공자 측의 고의나 과실 입증이 쉽지 않을 뿐만 아니라 대체로 정신적 손해만 문제될 것이므로 배상액의 규모가 적어 구제의 실익이 크지 않다.

반면 AI 서비스 이용자의 경우 계약 당사자이므로 제공자에 대해 일종의 불완전 이행으로서 채무 불이행을 다툴 여지가 있는데, AI가 활용되는 계약이 대체로 디지털 콘텐츠 이용 계약이라는 점에서 서비스 제공자 측이 마련한 약관에 관련 면책 조항이 있는 경우가 상당하거나 면책 조항이 없다 하더라도 채무의 불완전 이행을 입증하는 문제가 쉽지 않다.

물론 AI에 의한 혐오나 차별에 의한 결과가 「민법」 제103조에 해당하는 반사회성을 가진 정도로까지 나타난다면 이용 계약 전체를 무효로 볼 수 있을 것이고 불법행위 책임으로서 손해배상이 가능하겠지만 고의나 과실의 입증과 재산적 손해가 아닌 정신적 손해만이 문제될 가능성이 크다는 점에서 역시 구제의 실효성이 크지 않을 것이다.

이러한 이유로 특별법상 입증 전환의 법리를 통해 손해배상의 난도를 낮추는 방안을 검토할 필요가 있다. 즉 AI를 소프트웨어 제조물의 일부로 보아 「제조물책임법」을 적용한다면 손해 원인에 대한 입증 책임을 전환해 공평을 꾀할 수 있을 것이다. AI도 제조물과 마찬가지로 기술의 복잡성 및 정보의 비대칭으로 인해 피해자의 손해 입증이 어렵다는 점에서 「제조물책임법」의 "결함 추정"을 유추 적용한다면 민사 책임의 실효성이 제고될 것으로 생각된다. 또한 「클라우드컴퓨팅 발전 및 이용자 보호에 관한 법률」 제29조에서도 "서비스 제공자의 위법행위에 의해 손해 발생 시 제공자가 고의 또는 과실이 없었음을 입증하지 못하면 책임을 면할 수 없다"고 정하고 있다는 점도 참고할 필요가 있다.

우리 손해배상법에서는 징벌적 배상과 집단 소송이 인정되지 않아 손해배상의 실익이 크지 않은 점, 그마저 AI 서비스의 특성상 정보의 비대칭으로 인해 입증이 현저히 곤란한 점을 고려하면 사후적 구제의 실효성을 제고하기 위해 위험책임 법리에 근거해 입증 책임을 전환하는 것이 적절한 방안일 것이다.

AI에 의해 피해를 입은 이용자는 입증의 어려움뿐만 아니라 더불어 소액의 배상 규모와 번거로운 절차로 인해 사법상 구제를 기피할 가능성이 클 것이다. 과거의 사례를 보아도 대규모 해킹과 같은 개인정보 침해 건처럼 사회적으로 이슈가 된 경우에 공동 소송에 참가하는 방법으로 이용자의 일부가 구제에 참여하는 것이 일반적이다. 이렇게 본다면 AI에 의한 분쟁 역시 환경이나 공해, 소비자 분쟁과 마찬가지로 소액 다수의 피해일 개연성이 상당하므로 집단 소송의 도입을 고려할 만한 분야다.

다만 AI 서비스 제공업체가 스타트업(Start-up)인 경우 과실로 인해 다수의 이용자가 피해를 입었다면 이용자 전부의 손해배상액을 감당할 자력이 없을 가능성이 크다는 점, 이용자 보호 논리에 치우쳐 손해배상 책임을 폭넓게 인정한다면 손해배상의 위험에 비례해 서비스 이용 금액이 상승하거나 AI 생태계가 위축될 수 있는 점을 고려한다면 입법 정책의 일환으로 AI 책임보험이나 공제 가입 제도와 같이 손해배상 책임을 사회적으로 분배하는 방법도 고려할 수 있다.

또한 「개인정보보호법」에서는 2020년 제39조의9 항목을 신설하면서 개인정보 침해에 대한 손해배상을 보장하기 위해 보험이나 공제 또는 준비금 적립을 의무화한 바 있는데 AI 입법 정책에서도 참고할 필요가 있다.

참고문헌

법률신문(2025.2.13). AI확산에 따른 제조물책임 문제.
https://www.lawtimes.co.kr/LawFirm-NewsLetter/205572

이재호(2024). "디지털시대에서 제조물 책임-EU 제조물 책임지침 개정안 검토를 중심으로-", 《법학연구》 제27권 제1호.

조장우(2024). "알고리즘 혁신의 민사적 쟁점", 《민사법의이론과실무》 제27권 제3호, 민사법의이론과실무학회.

FTC(2020). Using Artificial Intelligence and Algorithms.
https://www.ftc.gov/news-events/blogs/business-blog/2020/04/usingartificial-intelligence-algorithms

GDPR. https://gdpr-info.eu/art-22-gdpr/

U.S. House of Representatives(2022).
https://www.congress.gov/bill/117th-congress/house-bill/6580/text?r=2&s=1

10
AI의 딥러닝과 저작권 침해

인공지능이 이른바 딥러닝하는 과정에서 빅데이터상의 지식재산권을 침해할 수 있는 것에 주목하고 미국, EU, 중국, 영국, 일본 등 주요국의 대응과 시사점을 모색한다.

종교와 AI?

AI 딥러닝의 저작권 침해

딥러닝(Deep Learning)은 AI가 인간처럼 판단하고 학습할 수 있도록 하고 이를 통해 사물이나 데이터를 군집화하거나 분류하는 데 사용하는 기술을 의미한다. 뉴스 요약 서비스, 이미지 분석뿐만 아니라 자동 운전, 자율 로봇 등 다양한 분야에서 사용된다. 학습 자료의 양이 많을수록, 학습의 단계가 세분화될수록 성능이 좋아진다.

오늘날 딥러닝을 포함한 AI 기술은 대량의 텍스트, 이미지, 음악 등 저작물을 학습 데이터로 활용한다. 이 과정에서 저작권자의 동의 없이 저작물을 수집·복제해 학습에 사용하는 행위가 저작권 침해에 해당하는지가 최근 가장 큰 쟁점으로 부각되고 있다. 예를 들어 미국의 게티이미지와 영국, 미국 법원에 AI 이미지 생성 기업인 스태빌리티 AI가 저작권 침해 혐의로 소송을 당한 사례가 대표적이다.

AI가 생성한 음악이나 이미지가 기존 저작물과 유사하거나 복제한 경우, 저작권 침해 성립 여부가 쟁점이 된다. 이와 관련해 중국 법원에서도 중국 법원이 AI가 생성한 이미지가 기존 미술 저작물의 독창적 표현을 무단 복제했다고 판결한 바 있다. 국내에서는 AI 작곡가가 만든 노래에 대해 한국음악저작권협회가 저작권료 지급을 중단한 사례가 있다. 이는 AI가 법적으로 저작권자가 될 수 없다는 점과 AI가 학습한 원저작물 일부의 무단 사용이 침해에 해당할 수 있다는 문제에서 비롯되었다.

챗GPT 등 생성형 AI로 생성된 책, 동화, 소설이 아마존 등에서 대량 출간되고 AI에 의해 작곡된 음악이 유튜브 등에서 유통되면서 저작권 논란이 확대되고 있다.

AI로 인한 저작권 침해 현황

AI 모델이 미디어 회사나 창작자의 저작물을 무단으로 사용해 학습된 후 이와 유사한 결과물을 생성하는 경우, 원본 저작물의 복제권 및 2차적 저작물 작성권 침해 문제가 분쟁의 쟁점이 되고 있다.

가령 세계 최대 이미지 플랫폼 게티이미지(Getty Images)는 AI 이미지 생성 기업에 대해 저작권 침해 소송을 제기했으며, 소송 내용에는 약 730만 개의 저작권 보호 이미지 사용 문제가 포함되어 있다. 또한 뉴욕타임스(New York Times)와 미국 작가조합(Authors Guild) 등 언론 및 작가 단체들이 오픈AI(OpenAI)와 마이크로소프트(Microsoft)를 상대로 저작권 침해 소송을 진행 중이며, 이들 소송은 AI 학습 데이터의 불법적 활용과 관련된 판례를 형성하고 있다.

2020년 중국 텐센트(Tencent)는 자사의 AI 글쓰기 시스템 '드림라이터(Dreamwriter)'가 작성한 기사를 잉쉰(YingXun)이 무단 복제했다며 소송을 제기한 바 있으며, 법원은 AI가 생성한 기사를 법인 저작물로 인정하며 AI에 의해 만들어진 콘텐츠를 인간의 주도 아래 창작된 결과물로 간주한 바 있는데, 미국과 EU는 AI 자체의 창작물에 저작권을 부여하지 않는 추세인 점에서 국가별 규율의 차이가 존재한다. 우리도 2026년부터 시행 예정인 「AI 기본법」을 입법 정책적으로 구체화하기 위해서 각국의 접근 방식에 대한 이해가 필요하다.

2023년 이후 2025년까지 미국 뉴욕주 남부지방법원에서 진행중인 뉴욕타임스와 오픈AI 및 마이크로소프트의 소송(생성형 AI 학습 과정이 공정이용에 해당하는지가 쟁점), 캘리포니아 법원에서 진행 중인 새라 실버먼(Sarah Silverman), 폴 트렘블레이(Paul Tremblay), 마이클 샤본(Michael Chabon) 등 유명 작가들과 오픈AI 간 집단 소송(생성형 AI인 챗지피티가 창작물을 무단으로 학습에 사용했는지가 쟁점), 영국 법원에서 진행 중인 스톡 이미지 제공업체 게티이미지와 스태빌리티 AI(Stability AI) 간 소송(무단 데이터 학습으로 인한 권리 침해가 쟁점) 등 AI 관련 저작권 분쟁이 이어지고 있으며 이 결과로 AI 산업뿐만 아니라 창작 생태계에도 영향이 클 것이다.

이러한 사례들은 AI 생성물에 대한 저작권 인정 여부와 함께, 창작 과정에서 인간 창작자와 AI의 역할 분담 문제를 두고 법적 분쟁이 확산되고 있음을 의미한다. AI가 생성한 결과물의 저작권 인정 문제는 현행 저작권법의 기본 전제인 '인간의 창작 활동'과 상충하는 부분이 있어 EU, 영국, 미국 등에서 기본적으로 AI 생성물에 대한 저작권 보호를 제한하고 있다. 우리도 네이버와 같은 기업이 뉴스 데이터를 AI 학습에 활용하면서 한국신문협회 등이 저작권 침해를 주장하며 법적·제도적 대응을 요구한 사례가 있어서 2024년 문화체육관광부에서 "인간과 AI가 협업한 경우에 인간의 창작 기여가 명백한 부분에 한해 제한적으로 인정한다"고 발표한 바 있다.

생성형 AI의 학습 데이터 사용이 「저작권법」상 저작권자의 허락 없이 제한적으로 저작물을 이용할 수 있는 "공정 이용(Fair Use)"에 해당하는지, 아니면 침해로 봐야 하는지 불분명하므로 명확한 기준에 대한 논의의 축적이 필요하다. 즉 법적 모호성을 해소하기 위해 인간의 창작 과정에 AI가 보조적 역할을 했는지, 순수하게 AI만의 결과물인지를 구분하는 기준 마련이 필요하다는 점을 시사한다. 한편 공정 이용 원칙을 적용할 수 있는 범위에 대한 논의도 활발하며, 생성형 AI가 저작물을 학습에 이용할 경우 일정 조건하에 저작권 침해가 아니라고 주장되는 사례들도 존재한다.

AI 생성물의 소유권 귀속

그림이나 소설, 음악과 같이 생성형 AI가 생성한 콘텐츠의 저작권이 누구에게 귀속되는지 법리적으로 여전히 불확실하며 AI 개발자, 사용자, 데이터 제공자 중 누구의 권리인지 법적 혼란이 있다.

이미 유튜브(YouTube)에서는 AI로 창작한 음악, 기존 음원을 AI로 커버한 곡이 상업적으로 활발히 이용되고 있는데, 한국음악저작권협회는 AI가 작곡한 노래 6곡에 대해 "인간의 창작물이 아니다"라며 저작권료 지급을 중단한 사례가 있고, 2024년 문화체육관광부와 한국저작권위원회가 저작권법 시행령 개정을 통해 "AI 생성물은 저작권 등록 불가" 방침을 명시한 바 있다. 즉 AI가 독자적으로 만든 그림, 소설 등은 저작물로 인정하지 않는다는 것인데, 인간의 프롬프트 입력 행위를 창작적 기여로 볼 여지는 없는 것인지 논의될 필요가 있다. 또한 생성형 AI와 인간의 협업에서 어떤 기준으로 '편집저작물'

로 제한적 인정을 해 줄 것인가 문제된다.

AI 생성물에 대한 주요국 저작권의 대응

미국은 AI에 특화된 별도의 법률을 제정하지 않고, 「저작권법(Copyright Act of 1976)」과 공정 이용 원칙을 기반으로 접근한다. 공정 이용은 「저작권법」 107조에 따라 사용 목적과 성격[상업적 vs. 비상업적, 변형적(transformative) 여부], 저작물의 성격(창작성 정도), 사용된 분량과 중요도, 시장에 미치는 영향의 4가지 기준으로 판단한다.

미국 저작권청(US Copyright Office)은 학습 데이터 사용에 대해 명확한 입장을 정하지 않았으며, 사례별 판결에 의존하고 있다. 이와 관련해 저작권청은 2023년 가이드라인에서 "인간의 창작적 기여(Human Authorship)"가 없는 AI 생성물은 저작권 등록 불가로 명시하였다. 즉 AI를 도구로 사용하더라도, 인간이 창작 과정에서 실질적 통제와 창의성을 발휘해야 저작권을 인정하는 것이다. 2023년 연방법원도 AI 자체는 저작자로 인정할 수 없는 것으로 판결하면서 AI 생성물의 저작권 부여에 보수적 입장을 취하고 있는 것으로 평가할 수 있다.

미국의 대응은 법적 분쟁(소송)을 통해 쟁점을 해결하

며, 사전 규제는 최소화함으로써 혁신을 우선시하는 미국의 정책 기조가 반영된 것이다.

유럽연합(EU)에서는 저작권과 AI 생성물(특히 생성형 AI와 관련된 문제)은 윤리와 창작자 보호를 중시하는 엄격한 규제 프레임워크 속에서 다뤄지고 있다. EU는 AI 기술의 발전을 지원하면서도 저작권 침해와 사회적 위험을 사전에 방지하려는 접근을 취하며, 특히 학습 데이터 사용과 AI 생성물의 저작권 인정 여부에 대한 구체적인 규정을 마련하고 있다.

2019년 발효된 「저작권 지침(Directive 2019/790)」을 통해 저작권자 동의 없이 비상업적 연구 목적의 텍스트 및 데이터 마이닝(TDM)을 허용하고, 상업적 TDM은 저작권자가 명시적으로 거부하지 않는 한 가능한 것으로 정하고 있다.

AI 생성물의 저작권과 관련하여 EU는 명시적 통일 입장을 발표하지 않았으나, 대부분 회원국에서 "인간의 창작적 기여(Human Creative Contribution)"가 없으면 저작권 인정을 하지 않는 추세다.

EU는 저작권과 AI 생성물 문제에서 창작자의 권리와 윤리를 최우선으로 삼아 학습 데이터 사용에 엄격한 규제를 적용하고 있다. AI 생성물의 저작권 인정에는 보수적이어서, 인간과 AI의 협업 범위 설정이 향후 주요 과제로 남아 있다.

EU의 접근은 미국의 혁신 중심 정책과 대비되며, 창작 생태계 보호와 AI 산업 간 균형을 둘러싼 논의가 계속될 것으로 보인다.

중국에서는 저작권과 AI 생성물(특히 생성형 AI와 관련된 문제)은 국가 주도의 기술 발전과 실용적 접근을 기반으로 다뤄지고 있다. 중국은 AI를 국가 경쟁력 강화의 핵심으로 삼으면서도, 저작권 문제를 산업 육성과 사회 통제라는 큰 틀 안에서 관리한다.

학습 데이터 사용에 대한 구체적 기준이 부족해 느슨하게 학습 데이터를 규제하고 있으며 실제 침해 여부는 사후 소송이나 행정 조치로 판단한다. 또한 인간의 지시와 감독하에 AI가 생성한 콘텐츠는 법인 저작물로 인정 가능하지만 순수 AI 생성물의 저작권 인정 여부는 불명확하다.

EU의 엄격한 윤리 중심 접근이나 미국의 공정 이용 논쟁과 달리, 중국은 저작권과 AI 생성물 문제에서 실용적이고 산업 친화적인 접근을 취하며, 학습 데이터 사용에 비교적 관대하다. 중국은 실질적 판례와 규제를 통해 저작권과 AI 생성물의 경계를 설정하고 있는 것이다.

영국은 저작권과 AI 생성물은 혁신을 지원하면서도 창작자의 권리와 사회적 위험을 관리하려는 "친혁신적(pro-innovation)" 접근을 기반으로 다루고 있다. 저작권과 AI 생성물 문제에서 학습 데이터 사용은 유연하게 허용하되, 사후 법적 분쟁으로 해결하는 접근을 취하고 있는 것이다.

영국은 EU의 강력한 「AI 법」이나 중국의 국가 통제 중심 정책과 달리, 새로운 AI 전용 법률을 제정하지 않고 기존 법률과 자율 규제를 활용해 유연하게 대응하고 있다. 다만 소유 주체의 불확실성과 상업적 규제 부족은 창작자와 AI 개발자 간 갈등을 지속시킬 우려가 있다.

일본에서는 저작권과 AI 생성물에 대해 기술 혁신을 촉진하면서도 창작자의 권리와 사회적 신뢰를 유지하려는 독특한 접근 방식을 보여 준다. 일본은 강제적인 AI 전용 법률을 제정하지 않고, 기존 「저작권법 (Copyright Act of Japan)」과 가이드라인을 통해 AI 문제를 다루고 있으며, 이는 다른 국가들과 차별화된 "소프트 규제" 전략을 반영하는 것이다.

일본 「저작권법」에서는 "즐기는 목적(purpose of enjoyment)"이 아닌 경우, 저작물을 필요한 범위 내에서 자유롭게 활용 가능한 것으로 정한다. 이는 AI 학습을 위한 텍스트 및 데이터 마이닝을 광범위하게 허용하는 것이다. 다만 AI의 창작물에 대해서는 인간의 창작적 기여(human creative contribution)가 없으면 저작권을 인정하지 않으며, 인간과 AI의 협업 시 인간의 기여가 명백한 부분만 저작권으로 보호하는 보수적인 규율이다.

우리의 경우도 다른 나라와 마찬가지로 기본적으로 학습 데이터의 저작권 침해와 AI 생성물의 저작권 인정이라는 2가지 프레임워크로 접근하고 있다.

「저작권법」에서 학습 데이터 사용이 공정 이용에 해당하는지에 대해 사용 목적, 저작물 성격, 사용 분량, 시장 영향을 기준으로 개별적으로 판단하고 있으며 "저작물"은 "인간의 사상 또는 감정을 표현한 창작물"로 정의함으로써 AI 자체는 저작자로 인정하지 않고 있다. 한국은 저작권과 AI 생성물 문제에서 인간 중심의 보수적 입장을 유지하며, 학습 데이터 사용에 대한 명확한 규율은 부족하다. 산업계는 혁신을, 창작자는 보호를 요구하며 갈등이 심화되고 있어, AI 기본법 시행과 함께 구체적 기준과 실행 방안이 필요하므로 글로벌 트렌드(EU의 투명성 의무, 미국의 공정 이용 논쟁 등)를 반영한 법제화가 과제로 남아 있다.

참고문헌

김용주(2020). "텍스트 및 데이터마이닝을 위한 저작권법 개정 방향", 《법학연구》 제61권 제2호.

이상용(2021). "데이터의 비계약적 이용: 데이터 마이닝을 위한 저작권 제한을 중심으로", 《강원법학》 제65권.

이일호(2025). "생성형 인공지능 시대, 저작권의 패러다임은 바뀌어야 하나? -저작권-인공지능 논의에 관한 비판적 검토", 《계간 저작권》 제149호.

Drazewski, K.(2024). *Copyright as a Constraint on Creating Technological Value*, Springer.

Margoni, T. & Kretschmer, M.(2022). "A Deeper Look into the EU Text and Data Mining Exceptions: Harmonisation, Data Ownership, and the Future of Technology", *GRUR International*, 71(8).

조장우

영남대학교 천마인재학부·경찰행정학과 겸임교수이며 학술연구기관 한국정책미디어연구원의 대표를 맡고 있다. 통일부 통일교육위원 대구협의회 사무처장을 지내고, 현재 감사로 활동하고 있다. 영남대학교에서 법학 박사학위를 받았다. 영남대학교 법학연구소에서 선임연구원으로 재직했고, 경북대학교 IT와법센터에서 박사후연구원으로 재직했다. 한국연구재단의 인문사회학술연구교수로서 인공지능과 디지털콘텐츠 관련 연구책임자로 10여 년간 학술연구를 수행했다. 주요 저서로 《통합 민법총칙》(2018)이 있으며 수십 편의 논문을 다수의 등재 학술지에 게재했다.